RICARDO JOHN

Experimentieren Sie!
Naturwissenschaftsunterricht mit Aha-Effekt

Selbständiges, kompetenzorientiertes Erarbeiten von Lehrplaninhalten

Dieses Buch gibt es auch auf www.scook.de

Es kann dort nach Bestätigung der Allgemeinen Geschäftsbedingungen genutzt werden.

Buchcode: **gzd7r-4m8c3**

Cornelsen

Der Autor:
Ricardo John ist Lehrer an der Philipp-Reis-Schule in Berlin-Lichtenberg und unterrichtet naturwissenschaftliche Kurse und die Fächer Mathematik und Biologie.

Durchsicht des Manuskripts: Dietmar Karau (Berlin)

Projektleitung: Gabriele Teubner-Nicolai, Berlin
Redaktion und Sachzeichnungen: Stefan Giertzsch, Werder (Havel)
Umschlagkonzept: Kerstin Zipfel, München
Umschlagfoto: iStockphoto/martinedoucet
Illustrationen: Bianca John, Berlin
Gesamtgestaltung: LemmeDESIGN, Berlin
Bildnachweis: Fotolia.com. S. 38: © loflo (Graugans); S. 66: © marima-design (Kartoffelkäfer oben), © mhp (Kartoffelkäfer unten); S. 67 pourlemerite (Statue Dublin); akg-images S. 67: Hungernde Kinder in Irland; NWU/WILDLIFE S. 89: Zitteraal oben und unten; Shutterstock U2: © Tadeusz Ibrom (BVB-Logo)

www.cornelsen.de

Dieses Werk enthält Vorschläge und Anleitungen für Untersuchungen und Experimente.
Vor jedem Experiment sind mögliche Gefahrenquellen zu besprechen. Beim Experimentieren sind die Richtlinien zur Sicherheit im naturwissenschaftlichen Unterricht einzuhalten.

Die Links zu externen Webseiten Dritter, die in diesem Titel angegeben sind, wurden vor Drucklegung sorgfältig auf ihre Aktualität geprüft. Der Verlag übernimmt keine Gewähr für die Aktualität und den Inhalt dieser Seiten oder solcher, die mit ihnen verlinkt sind.

1. Auflage 2015

© 2015 Cornelsen Schulverlag GmbH, Berlin

Das Werk und seine Teile sind urheberrechtlich geschützt.
Jede Nutzung in anderen als den gesetzlich zugelassenen Fällen bedarf der vorherigen schriftlichen Einwilligung des Verlages. Hinweis zu den §§ 46, 52a UrhG: Weder das Werk noch seine Teile dürfen ohne eine solche Einwilligung eingescannt und in ein Netzwerk eingestellt werden.
Dies gilt auch für Intranets von Schulen und sonstigen Bildungseinrichtungen.

Druck: H. Heenemann, Berlin

ISBN 978-3-589-01774-4

PEFC zertifiziert
Dieses Produkt stammt aus nachhaltig bewirtschafteten Wäldern und kontrollierten Quellen.
www.pefc.de

Inhaltsverzeichnis

Vorwort		5

PHÄNOMENE BEOBACHTEN, GRÖSSEN MESSEN UND ZUSAMMENHÄNGE ERKENNEN

Dein naturwissenschaftlicher Steckbrief	Naturwissenschaftliche Größen schätzen und messen (Lernstationen)	7
Auf Partnersuche: Original und Modell	Original-Modell-Spiel (Lernspiel)	10
Orangen tragen Schwimmwesten	Schwimmen und Sinken (Schülerexperiment)	16
Das Wechselspiel der Kräfte	Besondere Kräfte und ihre Messung (Lernstationen)	20
Der COUNTDOWN läuft!	Rückstoß als Raketenantrieb (Projekt und Demonstrationen)	24
Essen und Laufen – Energie im Gleichgewicht	Energetische Betrachtungen zur chemischen und kinetischen Energie	28
Magnetische Kräfte	Anziehende Kraftwirkungen durch magnetische Influenz (Lernstationen)	32
Der magnetische Sinn	Direkte und indirekte Wahrnehmung mit Sinnesorganen (Lernspiel)	36
Achtung – Personenkontrolle!	Der magnetische Sensor (Demonstration und Schülerexperiment)	40
Dem Geheimnis einer Vogelfeder auf der Spur	Bau und Funktionsweise von Vogelfedern untersuchen (Schülerexperiment)	42
Elektrotechnische Schaltungen	Entwerfen, Aufbauen und Erproben von Schaltungen (Lernspiel und Schülerexperimente)	47
AN – AUS – AN – AUS – AN … – Das Bügeleisen	Automatische Steuerung der Temperatur (Demonstration und Schülerexperiment)	51
Der Kaffee ist fertig!	Die Energieeffizienz einer Kaffeemaschine (Demonstration)	55

Inhaltsverzeichnis

RUND UM DIE KARTOFFELKNOLLE – NATURWISSENSCHAFTLICHE KOMPLEXBETRACHTUNGEN

Eine kleine Kartoffelkunde und -statistik	Einführung, Überblick und statistische Betrachtungen zum Thema Kartoffeln (Recherche und Schülerexperiment)	59
Vom Pflanzen bis zum Ernten – Der Kartoffelanbau	Untersuchung des Wachstum von Kartoffeln (Langzeit-Projekt)	64
Bestehen Kartoffeln hauptsächlich aus Wasser?	Bestimmen der Masse, des Volumens und der Dichte von Kartoffeln (Schülerexperiment)	68
Die Garzeit von Kartoffeln	Experimente Bestimmung der durchschnittlichen Garzeit von Kartoffeln (Demonstration mit verteilten Aufgaben)	71
Die Garzeit im Temperatur-Zeit-Diagramm	Temperatur-Zeit-Diagramm für das Garen von Kartoffeln (Schülerexperiment)	75
Stärkebildung, -nachweis und -gewinnung	Stärke in Nahrungsmitteln (Demonstrationen und Schülerexperiment)	78
Sind Gemüse und Obst geladen?	Gemüse und Obst als chemische Spannungsquellen (Schülerexperimente)	83
Reihenschaltungen in Natur und Technik	Reihenschaltung von Spannungsquellen (Demonstration und Schülerexperiment)	87
Die Kalorienzähler	Energetische Analogiebetrachtungen zwischen chemischer und kinetischer Energie (Lernspiel)	90
Der große Pyramidenbau	Die Pyramide als mathematisches Original und das Modell aus Kartoffeln (Lernspiel)	92
Zum Schluss: Kartoffelstärke zum Nachtisch?	Verwendung von Stärke als Verdickungsmittel für die Zubereitung von Roter Grütze (Demonstration)	95

Viele der in diesem Band vorgestellten Experimente und Unterrichtsvorschläge wurden gemeinsam mit engagierten und interessierten Schülerinnen und Schülern der Philipp-Reis-Schule erprobt und fotografisch dokumentiert. Die Philipp-Reis-Schule ist eine Integrierte Sekundarschule mit einem teilgebundenen Ganztagsbetrieb im Berliner Bezirk Lichtenberg. Die pädagogischen Schwerpunkte der Schule liegen in den Bereichen Berufsvorbereitung und Naturwissenschaften. Zurzeit besuchen über 400 Schüler diese Schule. Gegründet wurde sie im Jahre 1991 als 1. Realschule Berlin-Hohenschönhausen. Am 11. Januar 1995 erfolgte die feierliche Verleihung des Namens „Philipp Reis", dem (neben Alexander Graham Bell) Erfinder des Telefons. Seit ihrer Gründung leitet Roland Härtel als Rektor die Schule.

Sie können uns gerne im Internet „besuchen" unter http://www.philipp-reis-oberschule.de/.

Vorwort

Der Aha-Effekt meint den so genannten Gedankenblitz. Überraschend und schlagartig wird einem die Lösung für ein Problem oder einen Zusammenhang bewusst und das fördert in der Regel eine gute Stimmung beim Lernen der Schülerinnen und Schüler *(der besseren Lesbarkeit wegen wird nachfolgend von Schülern gesprochen)*. Somit sind Aha-Erlebnisse für die Auslösung und Begleitung motivierender Unterrichtsprozesse bestens geeignet. Aha-Effekte setzen individuell sehr unterschiedlich hinsichtlich des Zeitpunktes und der Intensität ein. Es sind kognitive Prozesse zu gestalten, die auf unterschiedlichen Ebenen (Experiment, Vorbereitung, Durchführung, Auswertung, Suchen von Anwendungen, Vorträgen etc.) wirksam werden. Auslöser für Aha-Effekte können aber im besonderen Maße spannende Experimente sein, die zum Staunen und zum Nachdenken anregen. Die Durchführung von Experimenten fasst hier im weitesten Sinne unterschiedliche praktische Tätigkeiten zusammen, neben dem Experimentieren auch das Beobachten und das Vergleichen usw.

Im Heft finden Sie Anregungen für ganzheitliche und durch praktische Tätigkeiten geprägte Unterrichtsabschnitte. Für die Themen stehen variabel einsetzbare Bausteine (Arbeitsblätter, Protokolle für Experimente, Tipps, Stationskarten, Material, Zusatzaufgaben usw.) zur Verfügung, die Sie entsprechend den konkreten Unterrichtsbedingungen modifizieren, ergänzen und erweitern können. Die Arbeitsblätter sind in der Regel auch unabhängig von den Experimenten einsetzbar, z. B. innerhalb von Recherchen und Vorträgen.

Zeitlich sind die Themen für eine Arbeitszeit von 45 Minuten konzipiert. Abweichungen können sich aus den konkreten Unterrichtsbedingungen ergeben, deshalb ist eine genauere zeitliche Anpassung Ihrerseits erforderlich. Sammeln und formulieren Sie vor dem Experimentieren gemeinsam mit den Schülern stets Hypothesen und leiten Sie daraus *„Fragen an die Natur und Technik"* ab.

Die Unterrichtsvorschläge *„Rund um die Kartoffelknolle"* bieten vielfältige und interessante Möglichkeiten für komplexe und vernetzte mathematisch-naturwissenschaftliche Betrachtungen, wobei nicht nur hier auf die umfangreichen Einsatzmöglichkeiten des *Smartphones* im Unterricht besonderen Wert gelegt wurde. Mit den entsprechenden Standardfunktionen und *Apps* wird aus dem „Handy" ein kostenloses und universell einsetzbares Messgerät für den naturwissenschaftlichen Unterricht.

Die Unterrichtsvorschläge sind folgendermaßen strukturiert:

	Organisationsform
Thema	Die Schwerpunkte der Unterrichtssequenz.
Materialien	Die benötigten Materialien und Geräte für die Schülerexperimente, Demonstrationen, Projekte usw.
Sicherheitshinweise	Die relevanten Hinweise und Tipps, die die Sicherheit betreffen.

WORUM GEHT ES – WAS WIRD DEUTLICH?
Hier finden Sie den naturwissenschaftlichen Hintergrund kurz und knapp zusammengefasst.

Vorwort

WAS IST ZU TUN?
Diese Rubrik verdeutlicht den prinzipiellen Ablauf der Unterrichtssequenz und gibt wichtige ausgewählte Informationen, Hinweise und praktische Hilfen.

Demonstrationen statt Schülerexperimente bieten sich an, wenn z.B. die Sicherheit der Schüler gefährdet ist oder Experimentiermittel nicht ausreichend zur Verfügung stehen. So weit wie möglich sollten die Schüler aktiv in das Geschehen mit eingebunden werden (Messwerte ablesen, Notizen machen usw.).

Schülerexperimente finden in Partnerarbeit statt. Die Arbeitsblätter sind in der Regel als Protokolle nach Vorbereitung, Durchführung und Auswertung gegliedert. Für ausgewählte Bereiche stehen den Schülern **TIPPs** und **MATERIALIEN** zur Verfügung.

Lernstationen bieten eine Auswahl von mehreren Experimenten, die wenig Einsatz erfordern und mit wenig Zeitaufwand von jedem Schüler in der Unterrichtsstunde realisiert werden können. Während der Durchführung bzw. in der anschließenden Auswertungsphase erfassen die Schüler in Einzelarbeit ihre Beobachtungen und prüfen die Hypothesen für die entsprechenden Experimente. Beinhalten die Lernstationen Wettbewerbe, sollten auch die Sieger gewürdigt werden. Für das Grundniveau können die Lernstationen auch als **Demonstrationen** mit aktiver Beteiligung (Durchführung, Beobachtung …) angeboten werden.

Lernspiele werden in Gruppenarbeit mit mehreren Spielern durchgeführt und dienen der spielerischen Vermittlung, Anwendung und Übung fachlicher Inhalte und Zusammenhänge nach gültigen Regeln.

Projekte stehen hier für Lernorte außerhalb des Fachraums (Sporthalle, Sportplatz, Spielplatz, Wald …). In Gruppenarbeit bearbeiten die Teams die Aufträge.

Recherchen erfolgen z.B. in Büchern und im Internet für die möglichst selbstständige Beschaffung von Informationen zu den Themen.

WIE KANN DIFFERENZIERT WERDEN?
> **NIVEAU 1:** Hauptsächlich für das Grundniveau stehen umfangreiche Tipps und Materialien zur Verfügung.
> **NIVEAU 2:** Im Erweiterungsniveau sollen die Experimente von den Schülern möglichst selbstständig geplant, durchgeführt und ausgewertet werden.
> **ZUSATZ:** Über das Basiswissen hinaus finden hier „schnelle" und interessierte Schüler ergänzende und weiterführende Lernangebote.

Der Hefteinband zeigt eine Auswahl von Spielkarten für das Original-Modell-Spiel.

„Wer noch staunen kann, wird auf Schritt und Tritt beschenkt." (Oskar Kokoschka)

In diesem Sinne: Viel Spaß beim Entdecken und Experimentieren.

Dein naturwissenschaftlicher Steckbrief

	Lernstationen
Thema	Schätzen und Messen naturwissenschaftlicher Größen
Materialien	Station 1 **Körpergröße:** Zollstock, Zeiger (z. B. Buch) Station 2 **Masse** (Körpergewicht): Personenwaage Station 3 **Puls:** Stoppuhr oder Smartphone Station 4 **Fuß- und Schuhgröße:** Maßband, Umrechnungstabelle Station 5 **Körpertemperatur:** Fieberthermometer, Übersicht Station 6 **Kragenweite:** Maßband, Umrechnungstabelle
Gefahrenhinweis	Vorsicht an der Station 6: Das Maßband darf nicht fest um den Hals gezogen werden!

WORUM GEHT ES – WAS WIRD DEUTLICH?

Das Messen verschiedener naturwissenschaftlicher Größen, die den Schülern aus ihrem Alltag größtenteils bekannt sind, bietet eine gute Möglichkeit für den Anfangsunterricht im Fach Natur und Technik – Naturwissenschaften mit AHA-Effekt.

> **Naturwissenschaftliche Größen** (Länge, Masse, Zeit, Puls, Temperatur …) setzen sich aus einem Zahlenwert und der passenden Einheit zusammen.

> **Messgeräte:** Die Schüler trainieren den Umgang mit Messgeräten, das genaue Ablesen der Messwerte und die Erfassung von Daten (Messwerten).

WAS IST ZU TUN?

Nachdem die Schüler ihre Werte geschätzt haben, führen sie in Partnerarbeit die Messungen selbstständig an den Stationen durch und notieren ihre Ergebnisse auf dem Arbeitsblatt.

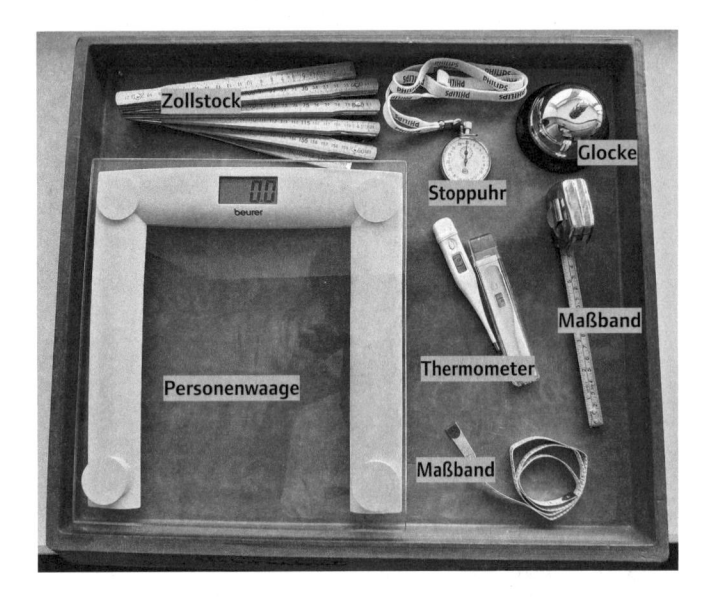

WIE KANN DIFFERENZIERT WERDEN?

> **NIVEAU 1:** Die Schüler können die Tipps für das Messen der Kragenweite, des Pulses und der Fußgröße nutzen. Innerhalb der Auswertung könnte insbesondere bei der Aufgabe 3 (KV 1) die Anzahl der zu beschreibenden Messungen differenziert werden.

> **NIVEAU 2:** Bei der Durchführung können die Schüler zusätzliche Stationen (z. B. Messung des Blutdrucks, Belastungspuls …) absolvieren und diese Messungen auch beschreiben. Für die Messung des Belastungspulses reichen beispielsweise bereits 10 Liegestütze vor der Messung aus.

> **VARIANTEN:** Da die Messungen in Partnerarbeit stattfinden, können die Schüler den Steckbrief für sich anfertigen oder für den jeweiligen Partner. In der abschließenden Auswertung stellen die Schüler ihre Ergebnisse dann gegenseitig vor. Die Steckbriefe können eine schöne Bereicherung eines Jahrbuches sein.

Naturwissenschaftsunterricht mit Aha-Effekt

STATIONSKARTEN DEIN NATURWISSENSCHAFTLICHER STECKBRIEF

1. Station: Die Körpergröße.
> Messt eure Körpergröße und notiert den Wert in euren Steckbrief.
> *Material:* Zollstock, Zeiger (z. B. Buch)

2. Station: Die Masse.
> Messt eure Masse (Körpergewicht) und notiert den Wert in euren Steckbrief.
> *Material:* Personenwaage

3. Station: Der Puls.
> Messt euren Puls und notiert den Wert in euren Steckbrief.
> *Material:* Stoppuhr

4. Station: Fuß- und Schuhgröße.
> Bestimmt eure Fußlänge und Fußgröße. Schreibt die Werte in euren Steckbrief.
> *Material:* Maßband, Schuhgrößentabelle (z. B. Internet)

5. Station: Die Körpertemperatur.
> Messt eure Körpertemperatur und notiert den Wert in euren Steckbrief.
> *Material:* Fieberthermometer

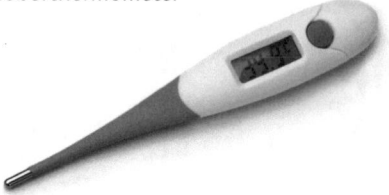

6. Station: Die Kragenweite.
> Messt eure Kragenweite und schreibt den Wert in euren Steckbrief.
> *Material:* Maßband

TIPPS DEIN NATURWISSENSCHAFTLICHER STECKBRIEF

Tipp 1: Kragenweite

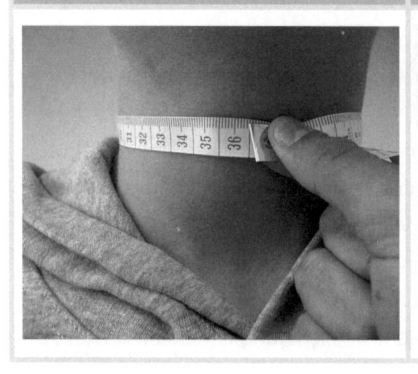

Tipp 2: Puls

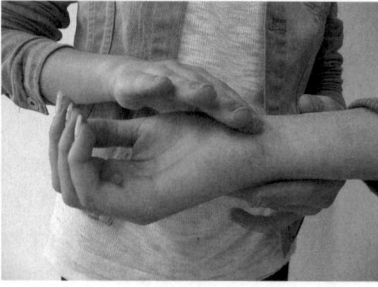

Zählt die Schläge in einer Minute.

Tipp 3: Fußgröße

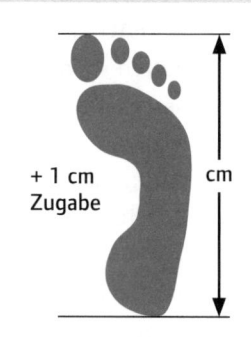

+1 cm Zugabe

cm

Experimentieren Sie!

Dein naturwissenschaftlicher Steckbrief

für: _____

Klasse: _____

Hier kannst du dein Foto aufkleben.

1 Schätze die folgenden Größen.

a) Wie groß bist du?	
b) Wie schwer bist du?	
c) Wie hoch ist dein Puls (Ruhepuls)?	
d) Wie lang ist dein Fuß?	
Welche Schuhgröße hast du?	
e) Wie hoch ist deine Körpertemperatur?	
f) Wie groß ist dein Halsumfang (Kragenweite)?	

2 Miss mit deinem Partner gemeinsam die gesuchten Größen.
Ergänze die Angaben in der Tabelle *(TIPPS)*.

Station	zu messende Größe	Messgerät	Messwert
1			
2			
3			
4			
5			
6			
Zusatz			

3 Wähle mindestens zwei gemessene Größen aus der Tabelle aus und beschreibe als Schrittfolge den Ablauf der Messung (wie ein Rezept beim Kochen). Arbeite in deinem Heft.

Naturwissenschaftsunterricht mit Aha-Effekt

Auf Partnersuche: Original und Modell

	Lernspiel
Thema	Original-Modell-Spiel (Gesellschaftsspiel)
Materialien	Spielkarten (vorgegebene oder/und von den Schülern selbst angefertigte Paare)

WORUM GEHT ES – WAS WIRD DEUTLICH?

Das Wort Modell (ital. *modello;* lat. *modulus* = Maßstab in der Architektur) wurde in Italien im 15. Jahrhundert geprägt und verdrängte ab 1800 im deutschen Sprachgebrauch das Wort Model (Muster, Form). Im täglichen Leben hat das Wort Modell u. a. folgende Bedeutungen:

> Eine Person, die z.B. Mode vorführt (Modenschau).
> Ein Mensch/ein Gegenstand, der einem Künstler als Vorlage dient (Modell sitzen).
> Die Typenbezeichnungen für Geräte und Maschinen (Modellreihe; Typenschild).
> Der Nachbau eines Körpers aus der Realität (Modellbau).
> Vor der Produktion werden Automodelle gefertigt, um u. a. ihr Strömungsverhalten im Windkanal zu testen.

Die in den Naturwissenschaften benutzten Modelle helfen, komplizierte Vorgänge und Erscheinungen zu beschreiben, zu erklären und zu verstehen. Modelle bilden die Wirklichkeit gegenständlich als Körper oder theoretisch als Gedanken (Gedankenmodelle) vereinfacht ab. Sie sind somit Voraussetzung, um die Wirklichkeit erfassen und strukturieren zu können. Es werden nur die Merkmale betrachtet bzw. dargestellt, die für den jeweiligen Zweck wirklich notwendig sind. Merkmale, die für den konkreten Kontext nicht unbedingt erforderlich sind bzw. ihn unverhältnismäßig verkomplizieren würden, werden in der Regel vernachlässigt. Die Vielfältigkeit von Modellen im täglichen Leben können die Schüler mit den „Original-Modell-Karten" spielerisch erfahren.

WAS IST ZU TUN?

Die vorgegebenen Spielkarten (Seiten 13 bis 15 und Einband) sind zu kopieren (eventuell auch zu vergrößern), auszuschneiden und auf einen einheitlichen Hintergrund hinsichtlich der Größe und der Hintergrundgestaltung zu kleben. Für den dauerhaften Gebrauch empfiehlt sich das Laminieren der Karten. Für die Erweiterung des Fundus an Karten können interessierte Schüler weitere Kartenpaare zu Hause vorbereiten. Einzelne Motive werden dabei durchaus mehrmals Auftreten, was aus der Sicht der Wiederholung und Festigung unproblematisch erscheint.

Vor dem „Spielen" sollten Sie gemeinsam mit den Schülern ein oder mehrere Beispiele gemeinsam bearbeiten und die Spielregeln dabei einüben (*TIPPs 1* und *2*). Ein Schiedsrichter (Schüler oder Lehrer) übernimmt die Spielleitung, verteilt und notiert die Punkte für:

> die passende Zuordnung von Modell und Original,
> die Angabe der Bezeichnungen von Modell und Original,
> das Nennen des Zwecks des Modells,
> das Nennen der Gemeinsamkeiten und Unterschiede zwischen Modell und Original.

WIE KANN DIFFERENZIERT WERDEN?

> **NIVEAU 1:** Die *TIPPs 1* und *2* geben ausführliche Beispiele und viele Anregungen für die Analyse der Paarungen. Die Spieldurchführung erfolgt in Partner- oder Gruppenarbeit.

TIPPS ORIGINAL-MODELL-SPIEL

Tipp 1 Beispiele für das Bearbeiten der Original-Modell-Paare

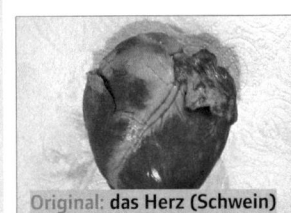

Original: das Herz (Schwein)

Modell: die typische Herzform als Zeichnung
Zweck: die Nachricht: „Ich liebe dich!"
Gemeinsamkeit: die Farbe (rot)
Unterschied: die Größe (verkleinert)

Modell: der Strudel in der Wasserflasche
Zweck: die Entstehung eines Tornados demonstrieren
Gemeinsamkeit: die Form des Strudels
Unterschied: die Energiequelle

Original: der Tornado

Zum Üben:

Modell: _____

Zweck: _____

Gemeinsamkeit: _____

Unterschied: _____

Original: _____

Tipp 2 Diese Formulierungen helfen dir bei der Bearbeitung der Original-Modell-Paare

Zweck	Unterschiede und Gemeinsamkeiten
zum Spielen	**Die Größe:** Modelle sind verkleinert, gleich groß oder vergrößert.
zum Beschreiben und Erklären	**Die Form:** Kann beim Modell ganz genau oder vereinfacht sein.
zum Testen und Zeigen	**Die Farben:** Können originalgetreu oder nur ausgedacht sein.
zum Essen	**Die Funktion:** Es gibt Modelle, die wie das Original funktionieren.
zum Dekorieren (Accessoire z. B. für die Wohnung)	**Die Vollständigkeit:** Es gibt unvollständige Modelle (z. B. Schnittmodelle) und vollständige mit allen Einzelteilen.
zum Kuscheln	**Die Art:** Modelle sind Gegenstände oder Gedanken (Vorstellungen).
zum Werben (Werbung)	**Das Material:** Kann gleich sein oder durch preiswerte und leichter zu verarbeitende Stoffe ersetzt worden sein.

Naturwissenschaftsunterricht mit Aha-Effekt

Name:

Klasse: Datum:

Original-Modell-Spiel

KV **2**

Auf Partnersuche: Original und Modell

SPIELREGELN

› Lies und ergänze die folgenden Spielregeln:
  › Anzahl der Schüler, die zusammen spielen: ___
  › Es wird abwechselnd im Urzeigersinn gespielt.
  › Die Karten liegen verdeckt und verteilt auf dem Tisch.
  › _____
  › _____

› Punkteverteilung:
  › **1 Punkt:** für ein gefundenes Paar.
  › **+ 1 Punkt:** für das Nennen beider Bezeichnungen.
  › **+ 1 Punkt:** für das Nennen einer Gemeinsamkeit.
  › **+ 1 Punkt:** für das Nennen eines Unterschieds.

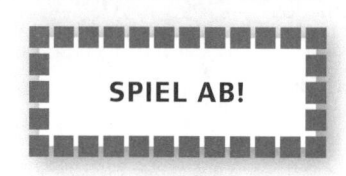

SPIEL AB!

AUSWERTUNG

› Wie viele Paare hast du / habt ihr zugeordnet? ___

› Schreibe die Bezeichnungen der gefundenen Paare in die Tabelle.

Original	Modell	Original	Modell

› Wähle ein Paar aus der Tabelle aus:
_____

› Welchen Zweck hat das Modell?
_____

› Nenne 2 Gemeinsamkeiten und 2 Unterschiede zwischen Original und Modell.
_____
_____
_____

Experimentieren Sie!

VORLAGEN FÜR DAS SPIEL: ORIGINAL-MODELL-SPIEL

14

Experimentieren Sie!

1	2	3
12V		
Bezeichnung: _____	Bezeichnung: _____	Bezeichnung: _____

4	5	6
		M
Bezeichnung: _____	Bezeichnung: _____	Bezeichnung: _____

7	8	9
+|−		⊗
Bezeichnung: _____	Bezeichnung: _____	Bezeichnung: _____

10	11	12
IR		
Bezeichnung: _____	Bezeichnung: _____	Bezeichnung: _____

13	14	15
V / A		
Bezeichnung: _____	Bezeichnung: _____	Bezeichnung: _____

Naturwissenschaftsunterricht mit Aha-Effekt

Orangen tragen Schwimmwesten

	Schülerexperiment
Thema	Schwimmen und Sinken von Körpern in Flüssigkeiten
Materialien pro Gruppe	eine Apfelsine (möglichst mit dicker Schale), eine Waage, eine Glaswanne und für die Zusatzaufgabe Salz und ein Lineal

WORUM GEHT ES – WAS WIRD DEUTLICH?

Eine Orange schwimmt im Wasser. Warum schwimmt sie nach dem Schälen nicht, obwohl sie nun leichter ist? Dieses Phänomen kann mit der vergrößerten Dichte nach dem Schälen oder mit dem Auftrieb erklärt werden. Auf jeden Körper wirkt eine Auftriebskraft, die senkrecht nach oben gerichtet ist. Sind Auftriebskraft und Gewichtskraft der vom Körper verdrängten Flüssigkeit gleich groß, dann schwimmt er. Für das Sinken (Abtauchen) des Körpers gilt: Seine Gewichtskraft ist größer als die Auftriebskraft. In diesem Fall ist die Gewichtskraft der verdrängten Flüssigkeit kleiner als die Gewichtskraft des Körpers selbst. Für mehr Auftrieb muss also mehr Wasser verdrängt oder die Dichte der Flüssigkeit vergrößert werden. Bei der Orange wird der vergrößerte Auftrieb durch die vielen Lufteinschlüsse in der Schale erzielt.

WAS IST ZU TUN?

Die physikalischen Größe Masse sollte bereits bekannt sein. Die Schüler führen das Experiment nach der Anleitung (KV 4) durch und messen die Masse einer Orange mit und ohne Schale. Sie führen nach den Messungen den Schwimmtest durch und erklären ihre Beobachtungen.
Den Comic (KV 3) können Sie als Zusammenfassung, Hilfe oder Leistungsüberprüfung einsetzten.

WIE KANN DIFFERENZIERT WERDEN?

> **NIVEAU 1:** Das Experiment wird entsprechend dem Comic (KV 3) durchgeführt. Weiterhin können die Schüler Schlüsselwörter für die Bearbeitung des Comics *(TIPP)* nutzen.
> **NIVEAU 2:** Die Schüler formulieren und diskutieren vor dem Experiment Problemfragen, z. B.:
> > „Schwimmen Orangen im Wasser?"
> > „Schwimmen geschälte Orangen im Wasser?" ...
>
> Anschließend leiten die Schüler Hypothesen ab, prüfen diese nach Möglichkeit experimentell und beantworten die Problemfragen schriftlich.
> **ZUSATZ:** Die Schüler bearbeiten das Arbeitsblatt „Orangen und Schwimmwesten" (KV 5). *TIPP:* Für Aufgabe 3 recherchieren die Schüler den Salzgehalt der Nord- und Ostsee.

TIPP   SCHLÜSSELWÖRTER FÜR DEN COMIC

446 g – 329 g =	Lufteinschlüsse	größerer Auftrieb
kleinerer Auftrieb	wie schwer	Hohlräume
Wasser verdrängen	sinken oder tauchen	schälen oder pellen

Name:		Schwimmen und Sinken	KV 3
Klasse:	Datum:		

Schwimmende Orangen

> Schreibe zu jedem Bild einen passenden Text, beantworte die Fragen und ergänze die Aussagen *(TIPP)*.

Was gibt die Masse an?

Warum schwimmt die Orange?

Die Orange wiegt ohne Schale ...

Was bedeutet eigentlich schwimmen?

Die Orange wird jetzt ...

Beschreibe den Aufbau der Orangenschalen.

Die Orange wiegt ...

Obwohl die Orange um ... Gramm ... geworden ist ...

Welche Ursachen könnte das Sinken der Orange haben?

Naturwissenschaftsunterricht mit Aha-Effekt

Name:
Klasse:
Datum:
Schwimmen und Sinken

KV 4

Schwimmende Orangen

VORBEREITUNG

› Ordne die folgenden Informationen richtig in der Tabelle zu:
Kilogramm (kg), Waage, wie schwer ein Körper ist, 450 g, Masse, m, Gramm (g), Tonne (t).

Die Masse gibt an,	
Die physikalische Größe heißt	
Das Formelzeichen (Symbol) ist	
Die Einheiten sind	
Das Messgerät heißt	
Eine Orange wiegt ungefähr	

› Ein Gegenstand kann schwimmen. Was bedeutet das?
_____

DURCHFÜHRUNG

› Bestimme die Masse (Waage) und beschreibe die Schwimmfähigkeit einer Orange zuerst mit der Schale und danach ohne Schale.

	Masse	Schwimmt sie oder taucht sie ab?
Orange mit Schale		
Orange ohne Schale		

AUSWERTUNG

› Wie hat sich die Masse der Orange (mit und ohne Schale) verändert?
_____

› Wie hat sich die Schwimmfähigkeit verändert?
_____
_____

› Nenne mögliche Ursachen für die Veränderung der Schwimmfähigkeit.
_____
_____
_____
_____

Experimentieren Sie!

Name:
Klasse: Datum:
Schalen und Schwimmwesten

KV 5

Orangen und Schwimmwesten

Sammle bei den folgenden Aufgaben und Fragen möglichst viele Punkte.

1. Markiere die richtigen Antworten mit einem Textmarker. Es können auch mehrere Antworten richtig sein. Insgesamt sind zehn Antworten richtig.

Wie schwer ist eine Orange ungefähr?	45 g	1,2 kg	450 g
Welcher mathematische Körper (Modell) passt am besten?	Würfel	Kugel	Prisma
Wie groß könnte der Radius einer Orange sein?	450 mm	8,5 cm	4,5 cm
Wie groß könnte der Umfang einer Orange sein?	28 cm	2,8 dm	0,28 m
Wie groß könnte das Volumen (V) einer Orange sein?	382 cm^3	0,38 l	382 cm^2
Wie groß könnte die Oberfläche (A) einer Orange sein?	255 cm	5 cm^2	255 cm^2

2. Beschreibe, was ein Boot, eine Schwimmweste und die Schale einer Orange gemeinsam haben.

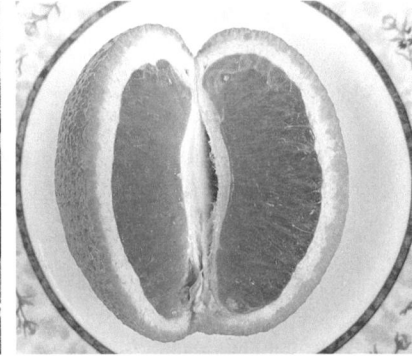

___

___

___

3. Würde eine Orange in der **Nordsee** oder in der **Ostsee** tiefer in das Wasser eintauchen? Begründe deine Vermutung. Überprüfe deine Vermutung mit einem Experiment.

   › Vermutung: ___

   › Du benötigst: eine Wanne, eine Orange ein Lineal und ca. 5 Esslöffel Salz.

   › Miss die Eintauchtiefe im Wasser ohne Salz: ___

   › Gib nun 5 Esslöffel Salz in das Wasser und rühre gut um.

   › Miss wieder die Eintauchtiefe: ___

   › Ergebnis: ___

___

___

___

___

Naturwissenschaftsunterricht mit Aha-Effekt

Das Wechselspiel der Kräfte

	Lernstationen
Thema	Die physikalische Größe Kraft, Kraftformen und ihre Messung
Materialien	Station 1 **Druckkraft:** mechanische Personenwaage, Stoppuhr Station 2 **Schwerkraft:** drei Massestücke (20 g, 50 g, 100 g), Zollstock Station 3 **Gewichtskraft:** elektronische Personenwaage Station 4 **Magnetkraft:** Magnetwagen, Magnet, Schiene, Stoppuhr Station 5 **Reibungskraft:** Federkraftmesser, Körper, drei Unterlagen Station 6 **Rückstoßkraft:** Luftballon, Modellauto, Trinkröhrchen, Klebeband Station 7 **Haltekraft:** Massestücke (1 kg, 2 kg und 5 kg), Stoppuhr Station 8 **Sprungkraft:** Tafellineal

WORUM GEHT ES – WAS WIRD DEUTLICH?

Mit dieser Unterrichtssequenz erhalten die Schüler eine orientierende Einführung über den Kraftbegriff in den Naturwissenschaften. Die physikalische Größe Kraft *(F in Newton)* gibt die Stärke der Wechselwirkung zwischen mindestens zwei Körpern an. Für eine Wechselwirkung müssen sich die Körper nicht berühren (z. B. magnetische Kraft und Schwerkraft). Kräfte können mit Federkraftmessern gemessen werden. Die Kraft ist eine ortsabhängige Größe. Für die Gewichtskraft gilt für unsere geografische Lage: Ein Kilogramm entspricht einer Gewichtskraft von ca. 10 Newton (bzw. 100 g → 1 N). Historisch bedingt wird der Kraftbegriff häufig mit der Größe Energie besetzt (z. B. Kraftwerke). Auch für Eigenschaften und Vorgänge, die besonders effizient sind, gibt es vielfältige Zusammensetzungen mit dem Wort Kraft (z. B. Sehkraft, Waschkraft …). Die Schüler lernen eine Auswahl hinsichtlich der vielen unterschiedlichen Bedeutungen des Kraftbegriffs kennen.

WAS IST ZU TUN?

Beginnen Sie mit der Analyse unterschiedlicher zusammengesetzter Wörter mit „Kraft" (MATERIAL). Die Schüler formulieren eine Beschreibung bzw. Erklärung der vorgegebenen Begriffe und erkennen den jeweils verwendeten Kontext.

Ausgewählte Kontextmöglichkeiten:

> Physikalisch: Zwei Köper wirken aufeinander ein. Die Körper werden bewegt (beschleunigt oder gebremst) oder verformt.
> Historisch: Kraft und Energie (die Fähigkeit eines Körpers Wärme abzustrahlen, Licht auszusenden und mechanische Arbeit zu verrichten) werden gleichgesetzt.
> Umgangssprachlich: Jemand oder etwas ist besonders gut oder heißt so oder …

Kopieren, vergrößern und laminieren Sie die Kraftbegriffe (MATERIAL). Die Begriffe liegen verdeckt auf einem Tisch und jeder Schüler zieht einen, befestigt ihn mit Magneten an der Tafel, dreht sich zur Klasse und beschreibt in einem Satz den Kontext.

In der folgenden Stunde lernen die Schüler an Stationen (STATIONSKARTEN) vielfältige Beispiele für das Wirken von besonderen Kräften kennen. Sie können das Angebot nach ihren speziellen Bedingungen kürzen oder erweitern.

Für die Auswertung halten die Schüler wichtige Beobachtungen, Ergebnisse und Messwerte im Protokoll (KV 6) fest.

WIE KANN DIFFERENZIERT WERDEN?

> **NIVEAU 1:** Die Schüler gestalten die vorgegeben Kraftbegriffe (MATERIAL) kreativ mit Zeichnungen, Illustrationen oder Bildern, um die Beschreibung des Kontexts zu vereinfachen.
>
> **NIVEAU 2:** Die Schüler suchen selbstständig Begriffe, die das Wort Kraft enthalten und sie gestalten die Karten mit den gefundenen Begriffen und einfachen Skizzen oder Bildern. Innerhalb der Auswertung (KV 6) bearbeiten die Schüler möglichst viele Stationen.

MATERIAL KRAFTBEGRIFFE

Kraftprotz	Kraftausdruck	Sprungkraft
Vorstellungskraft	Reibungskraft	Waschkraft
Schubkraft	Solarkraftwerk	Überzeugungskraft
Kraftfutter	Würzkraft	Kraftsport
Bremskraft	Magnetkraft	Absprungkraft
Sehkraft	Zugkraft	Gewichtskraft
Wasserkraftwerk	Leuchtkraft	Kraft-Ketschup
Arbeitskraft	Kraftstrom	Tatkraft
Auftriebskraft	Rückstoßkraft	Hebelkraft
Haltekraft	Zauberkraft	Stoßkraft
Hubkraft	Sonnenkraftwerk	Kraftbrühe

Beispiele:
> **Kraftfutter:** ... ist eine besonders energiereiche Tiernahrung.
> **Kraftsport:** ... umfasst besondere sportliche Aktivitäten zum Aufbau von Muskelmasse.
> **Sprungkraft:** Beim Abspringen einer Person erfolgt eine Wechselwirkung zwischen Füßen und Boden. Die Person wird beschleunigt.
> **Waschkraft:** ... haben Waschmittel, die besonders gut Flecken entfernen.
> **Bremskraft:** Beim Bremsen eines Fahrrads erfolgt eine Wechselwirkung zwischen den Bremsbelägen und der Felge. Das Fahrrad wird langsamer.
> **Wasserkraftwerk:** ... wandelt die Bewegung des Wassers (kinetische Energie) durch Turbine und Generator in elektrischen Strom (elektrische Energie) um. Es ist also ein Wasserenergiewerk.
> **Hebelkraft:** Wenn sich eine Person auf eine Wippe setzt, dann führt das zu einer Wechselwirkung zwischen Person und Wippbalken und er bewegt sich nach unten.
> **Stoßkraft:** Stürzt eine Person mit dem Knie auf einen Stein, dann wird durch die Wechselwirkung zwischen beiden Körpern das Knie verformt.

STATIONSKARTEN BESONDERE KRÄFTE

1 Druckkraft
> Drückt nacheinander mit einer Faust möglichst stark und gleichmäßig 5 Sekunden lang auf die Personenwaage.
> Lest eure Werte von der Personenwaage ab.
> Rechnet die Werte in Newton um (1 kg → 10 Newton).

Material: Personenwaage, Stoppuhr

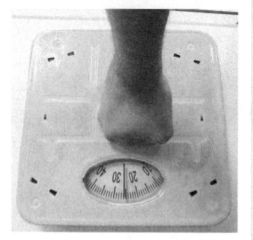

2 Schwerkraft
> Vermutet, welcher Körper am schnellsten fällt.
> Lasst die drei Körper gleichzeitig aus einer Höhe von einen Meter und zwei Metern fallen.
> Was stellt ihr fest?

Material: drei Massestücke (20 g, 50 g, 100 g), Zollstock

3 Gewichtskraft
> Nehmt die Waage z. B. durch leichtes Antippen der Glasfläche in Betrieb.
> Wiegt euch einzeln und notiert eure Masse.
> Rechnet die Masse in die Gewichtskraft um (1 kg à 10 N).

Material: elektronische Waage

4 Magnetkraft
> Versucht den Wagen möglichst schnell in das Ziel zu bringen.
> Stoppt eure Zeiten.
> Der Wagen darf nicht berührt werden.

Material: Magnetwagen, Dauermagnet, Schiene, Stoppuhr

5 Reibungskraft
> Zieht den Körper mit dem Federkraftmesser langsam über den Untergrund.
> Messt beim Gleiten die Kräfte (Reibungskräfte und Zugkräfte sind jeweils gleich groß).
> Wo ist die Reibung am größten?

Material: Federkraftmesser, Probekörper, Sandpapier, Folie, Papier

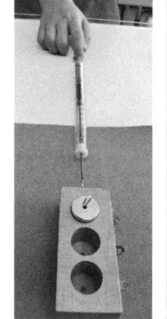

6 Rückstoßkraft
> Der Luftballon ist mit Draht am Auto befestigt.
> Pustet den Luftballon auf und haltet ihn zu.
> Stellt das Auto auf den Startpunkt.
> Lasst den Luftballon los. Was beobachtet ihr?
> Warum heißt diese Kraft Rückstoßkraft?

Material: Modellauto, Luftballon, Draht (ca. 15 cm)

7 Haltekraft
> Wer hält das Massestück am längsten?
> Entscheidet euch für 2 oder 5 kg.
> Haltet das Gewicht waagerecht mit ausgestrecktem Arm.
> Notiert eure Zeiten.

Material: Massestücke (Gewichte: 2 kg, 5 kg), Stoppuhr

8 Sprungkraft
> Wer springt aus der Hocke am höchsten?
> Bestimmt eure Sprunghöhe mit einem Tafellineal.
> In die Hocke, fertig, los!
> Notiert die erreichten Höhen.

Material: Tafellineal

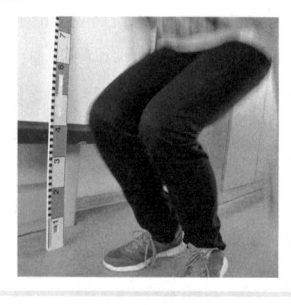

Experimentieren Sie!

Name:
Klasse:
Datum:
Kräfte

KV 6

Besondere Kräfte

DURCHFÜHRUNG
> Führe die Experimente (STATIONSKARTEN) gemeinsam mit deinem Partner durch.
> Schreibe deine Beobachtungen und Ergebnisse für jede Station in die Tabelle.

Stationen	Beobachtungen und Ergebnisse
1 Druckkraft	
2 Schwerkraft	
3 Gewichtskraft	
4 Magnetkraft	
5 Reibungskraft	
6 Rückstoßkraft	
7 Haltekraft	
8 Sprungkraft	

AUSWERTUNG
> Wähle ein Experiment aus.

   Station: _____

> Skizziere den Versuchsaufbau und beschrifte die Teile der Versuchsanordnung.

Skizze:

> Was hast du bei dem Experiment beobachtet?

_____
_____
_____
_____
_____

Naturwissenschaftsunterricht mit Aha-Effekt

Der COUNTDOWN läuft!

	Demonstrationsexperimente
Thema	Der Raketenflug durch Rückstoß
Materialien	**Demonstration 1:** ein Skateboard, ein Seil, ein schwerer Körper (ca. 2 kg) **Demonstration 2:** › Variante A: eine fertige Wasserrakete (ab 15 € im Handel), eine Luftpumpe › Variante B: eine PET-Flasche (1 l), ein passendes Ventil für den Flaschenhals, ein Gummiball (am Flaschenboden befestigt), eine Startvorrichtung (eine stabile Stange mit z. B. Bändern zum Halten der Flasche), eine Luftpumpe
Sicherheitshinweise	Achten Sie auf einen möglichst ebenen Untergrund beim Skaten. Eventuell sollten die Schüler Schutzkleidung tragen. Die Schüler, die sich direkt am Startplatz befinden, sollten z. B. Fahrradhelme tragen. Für die anderen Schüler gilt ein Sicherheitsabstand von ca. 20 Metern.

WORUM GEHT ES – WAS WIRD DEUTLICH?

Viele Bewegungen in Gasen, Flüssigkeiten und Festkörpern basieren auf den Rückstoß. Dabei wird eine Masse beschleunigt und als Gegenreaktion entsteht ein Rückstoß, der in die entgegengesetzte Richtung wirkt.
Die Modellrakete stößt Wasser nach unten aus (Kraft F_{actio}) und bewegt sich selbst daher nach oben (Gegenkraft $F_{reactio}$). Es gilt: Kraft und Gegenkraft haben gleiche Beträge und sind entgegengesetzt gerichtet (Wechselwirkung).

WAS IST ZU TUN?

Als Einstieg eignen sich kleine Demonstrationsexperimente mit einem Skateboard (KV 7). Interessierte Schüler können diese z. B. auf dem Schulhof vorführen. Anschließend bearbeiten die Schüler das Arbeitsblatt. Der besondere Aha-Effekt folgt mit dem Start der Wasserrakete (Bild: Modell Yannic Stachewicz). Im Internet finden Sie viele Varianten für den Bau einer Wasserrakete oder Sie kaufen eine Rakete.
Variante A: Halten Sie sich bei Verwendung der Wasserrakete aus dem Handel genau an die Betriebsanleitung und den dort aufgeführten Sicherheitshinweisen.
Variante B: Legen Sie alle Materialien bereit.
› Die Flasche mit Wasser (ca. 200 ml) füllen und mit dem passenden Ventil verschließen.
› Die Rakete in die Startvorrichtung hängen und mit einer Fahrradpumpe Druck aufbauen.
› Das Ventil rutscht bei einem bestimmten Druck automatisch aus dem Flaschenhals.

Je fester das Ventil im Flaschenhals sitzt, desto mehr Druck wird durch das Pumpen aufgebaut und desto höher fliegt die Rakete. Die Rakete erreicht in dieser Bauform Höhen von über 30 Metern. Zusätzlich kann die Rakete (Flasche) mit Leitwerken und für eine sichere Landung mit einem Fallschirm ergänzt werden. Für die Auswertung der Demonstration bearbeiten die Schüler „4 … 3 … 2 … 1 … ZERO" (KV 8).

WIE KANN DIFFERENZIERT WERDEN?

› **NIVEAU 1:** Es stehen TIPPS für den Aufbau (TIPP 1), für die Aufgaben der Bauteile (TIPP 2) und die Funktionsweise der Wasserrakete (TIPP 3) bereit.
› **NIVEAU 2:** Die Schüler entwickeln, konstruieren, bauen und erproben innerhalb eines Projekts eigene Wasserraketen.

TIPPS – AUFBAU UND FUNKTIONSWEISE EINER „WASSERRAKETE"

Tipp 1 **Wie ist eine „Wasserrakete" aufgebaut?**
> Ordne die Nummern für die Bauteile richtig im Foto zu.
> > Flasche mit etwas Wasser gefüllt (1)
> > Ventil (2)
> > Luftschlauch (3)
> > Gummiball (4)
> > Startvorrichtung (5)
> Schneide das Foto aus und klebe es auf das Arbeitsblatt.

Tipp 2 **Bauteile und Aufgaben**
> Ordne die Aufgaben richtig den Bauteilen in der Tabelle zu.
> > Sie dient zum Halten der Flasche beim Start.
> > Hier wird der Druck aufgebaut.
> > Er ermöglicht eine weiche Landung der Rakete.
> > Er überträgt die Luft von der Pumpe zur Flasche.
> > Es lässt nur Luft in die Flasche hinein.

Bauteil	Aufgabe
Flasche	
Ventil	
Luftschlauch	
Gummiball	
Startvorrichtung	

Tipp 3 **Funktionsweise**
> Schreibe die folgenden Aussagen in der richtigen Reihenfolge auf. Die Buchstaben neben den Aussagen ergeben in der richtigen Reihenfolge das Lösungswort. Wie lautet es? _____

Aussagenchaos nicht sortiert	Lösung
Pumpe durch das Ventil Luft in die Rakete.	K
Die Rakete stößt Wasser nach unten aus.	O
Bringe die Rakete in die Startposition.	C
Verschließe die Rakete mit einem Ventil.	Ü
Zuerst füllst du Wasser in die Rakete.	R
Die Rakete selbst bewegt sich nach oben.	ß
In der Rakete baut sich ein Druck auf.	S
Durch den Druck wird das Ventil ausgestoßen.	T

Naturwissenschaftsunterricht mit Aha-Effekt

Name:		Der Rückstoß als Wechselwirkung	KV **7**
Klasse:	Datum:	(Demonstration 1)	

Skateboard, Skater und Rückstoß

Ein Rückstoß entsteht, wenn von einem Körper ein anderer Körper weggestoßen wird. Auf beide Köper wirken Kräfte (Wechselwirkung). Die beiden Kräfte sind gleich groß und entgegengesetzt gerichtet.

› Stell dir die Bilder 1 bis 4 als Standbilder aus einem Video vor.
  › Was passiert weiter mit der Person auf dem Skateboard?
  › Entscheide, ob die Bewegungen durch Rückstoß erfolgen.
  › Begründe deine Entscheidungen.

1 Christof stößt sich mit einem Fuß ab und …

_____
_____
_____

2 Lisa zieht an einem Seil und …

_____
_____
_____
_____

3 Toni wirft einen Körper (2 kg) von sich weg und …

_____
_____
_____
_____

4 Rudi befindet sich an einem Abhang und …

_____
_____
_____
_____

Experimentieren Sie!

Name:
Klasse: Datum:
Der Raketenflug (Demonstration 2)

KV 8

4 ... 3 ... 2 ...1 ... ZERO

Warum fliegen „Wasserraketen"?

1. Skizze oder Foto.
   › Skizziere die „Wasserrakete" oder klebe ein Foto *(TIPP 1)* der Rakete in der Startposition auf.
   › Beschrifte die Bauteile der Rakete *(TIPP 1)*.

   Hinweis:
   Benutze für die Skizze einen Bleistift.

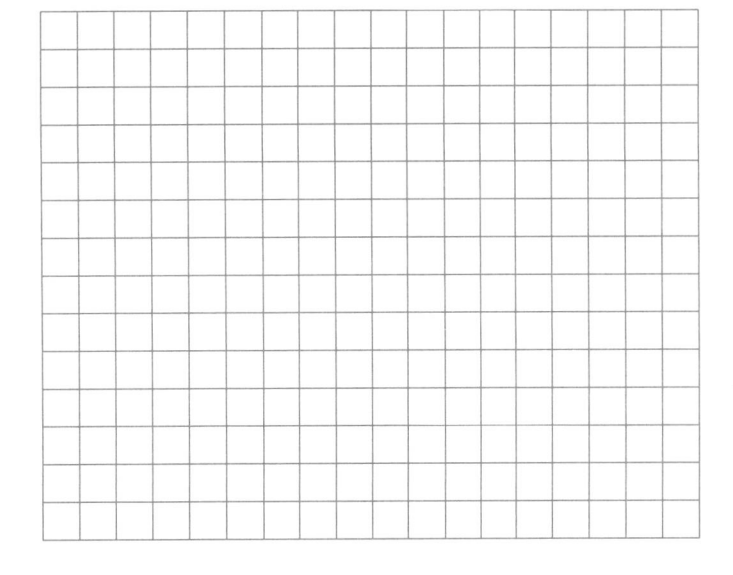

2. Trage die Bauteile der „Wasserrakete" in die Tabelle ein und beschreibe kurz die Aufgabe *(TIPP 2)*.

Bauteil	Aufgabe

3. Beschreibe, wie eine „Wasserrakete" funktioniert *(TIPP 3)*.
   _____
   _____
   _____
   _____

4. Notiere drei Möglichkeiten, damit diese Rakete höher fliegen kann.
   › _____
   › _____
   › _____

5. Würde diese Rakete mit einer Luftfüllung funktionieren? Begründe deine Entscheidung.
   _____
   _____
   _____
   _____

Naturwissenschaftsunterricht mit Aha-Effekt

Essen und Laufen – Energie im Gleichgewicht

	Projekt (PC-Raum und Sportplatz oder Wald)
Thema	Bewegung und Ernährung – Energie im Gleichgewicht
Materialien	**Energie im Gleichgewicht:** Computer mit Internetzugang, eine Personenwaage, ein Zollstock **Laufexperiment:** Smartphone mit einer Lauf-App, Sportkleidung, Laufschuhe

WORUM GEHT ES – WAS WIRD DEUTLICH?

Energie ist die Fähigkeit eines Körpers, Licht auszusenden, Wärme abzugeben und mechanische Arbeit zu verrichten. Menschen nehmen Energie hauptsächlich durch ihre Nahrung in Form chemischer Energie auf. Durch den Stoffwechsel wird die chemische Energie hauptsächlich in Wärme (Körpertemperatur 37 °C) und Bewegung (Muskeln) umgewandelt. Bei „normalem" Stoffwechsel sollten die zugeführte Energie und die umgesetzte Energie (Grundumsatz und Leistungsumsatz) im **Gleichgewicht** sein, um das Körpergewicht (Masse) konstant zu halten. Der Grundumsatz ist die Energiemenge, die der menschliche Körper bei völliger Ruhe nur zur Aufrechterhaltung seiner Körperfunktionen benötigt (z. B. beim Schlafen). Der Leistungsumsatz ist die Energiemenge, die man durch zusätzliche körperliche Aktivitäten benötigt. Die Summe aus dem Grund- und Leistungsumsatz ergibt den **Gesamtenergieumsatz**. Die Energieangaben für die Nahrung findet man auf den Verpackungen und den Energieumsatz bei Bewegungen kann man mit Sportbändern und Smartphones (+ App) messen. Mit den neuesten Sportbändern kann der gesamte Tag und auch die Nacht „energetisch" erfasst und gemessen werden. Mit dieser Thematik sollen die Schüler ein Gefühl für den Zusammenhang zwischen Essen *(chemischer Energie)* und Sport *(kinetischer Energie)* bekommen und persönliche Schlussfolgerungen für ihr Ess- und Bewegungsverhalten ziehen.

WAS IST ZU TUN?

Der Einstieg erfolgt mit der propädeutischen Behandlung der naturwissenschaftlichen Größe Energie. Für ein ausgewogenes Energiekonzept (Gleichgewicht) ermitteln die Schüler einen **Gesamtenergieumsatz** bezogen auf einen Tag (KV 9 und KV 10).

Für diese Berechnungen findet man viele Möglichkeiten im Internet (z. B. *jumk.de/bmi/grundumsatz.php*), die die Schüler innerhalb einer Recherche nutzen können. Bei dem gewählten Programm sollte unbedingt auch die durchschnittliche körperliche Aktivität pro Woche Berücksichtigung finden.

In der folgenden Stunde geht es dann um den Zusammenhang zwischen Bewegung und Ernährung (KV 11): Wie viel Energie wandelt der Mensch beim Laufen um? Dazu führen die Schüler ein Laufexperiment durch. Mit einem Laufband (z. B. Nike Sportband) oder mit einem Smartphone (z. B. mit der Lauf-App Runtastic) bestimmen sie den Kalorienverbrauch (besser: die umgewandelte chemische Energie) auf einer bestimmten Strecke (mindestens für einen Kilometer). Der Blick auf eine gesunde Ernährung und der Notwendigkeit sportlicher Betätigung runden die Thematik ab.

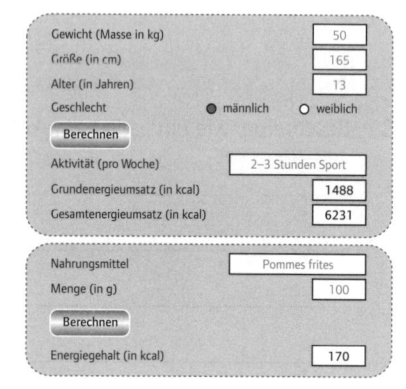

WIE KANN DIFFERENZIERT WERDEN?

> **NIVEAU 1:** Die Recherche erfolgt mit vorgegeben Parametern (KV 9; Variante 1).
> **NIVEAU 2:** Die Recherche für die persönliche Ernährung (KV 10; Variante 2) ist sehr anspruchsvoll und kann mit interessierten Schülern und Eltern als Projekt durchgeführt werden.

Name:		Energiegleichgewicht (Variante 1)	KV 9
Klasse:	Datum:		

Energiehaushalt im Gleichgewicht?

> Wozu benötigt der Mensch Energie?

_____

_____

> Ordne den Beispielen die richtige Energieform zu.

Energieformen	Beispiele	die richtige Energieform
Chemische Energie	Eine gespannte Armbrust besitzt …	
Lichtenergie	Ein Jogger, der im Wald läuft, besitzt …	
Bewegungsenergie	Nahrungsmittel (z.B. Kartoffeln) besitzen …	
Höhenenergie	Ein Wanderer auf dem Brocken im Harz besitzt …	
Spannenergie	Die Sonne und eine eingeschaltete LED besitzen …	

Ist bei Natalie die Energiezufuhr (Nahrung) und der Energieumsatz (Körperwärme, Bewegung, Stoffwechsel, Atmung …) im Gleichgewicht?

> Bestimme ihren Gesamtenergieumsatz.
> _Hinweis:_ http://jumk.de/bmi/grundumsatz.php
> Trage den Wert im Bild ein.
> Bestimme die Gesamtenergiezufuhr in kcal für Natalies Ernährung.
> _Hinweis:_ http://jumk.de/bmi/naehrwert.php
> Trage die Werte in die Tabelle ein.

	Wert
Gewicht (Masse in kg)	60
Größe (in cm)	165
Alter (in Jahren)	12
Geschlecht	○ männlich ● weiblich
[Berechnen]	
Aktivität (pro Woche)	aktiv; (4–5 Std./Woche)
Gesamtenergieumsatz (in kcal)	

Frühstück Wie viel von was?	Energie (in kcal)	Mittag Wie viel von was?	Energie (in kcal)	Abend Wie viel von was?	Energie (in kcal)
100 g Ei		300 ml Cola		400 ml Wasser	
150 g Roggenmischbrot		200 g Pommes frites		100 g Weißbrot	
20 g Butter		150 g Fischstäbchen		50 g Salami	
150 g Apfel		50 g Schokolade		20 g Ketchup	
200 ml H-Milch (3,5 %)		100 g Gurken		100 g Paprika	
Summe:		Summe:		Summe:	

Natalies **Gesamtenergiezufuhr** für einen Tag beträgt:

> Ziehe Bilanz: Vergleiche Natalies **Gesamtenergiezufuhr** mit ihrem **Gesamtenergieumsatz**.

_____

_____

_____

Naturwissenschaftsunterricht mit Aha-Effekt

Name:
Klasse: Datum:
Energiegleichgewicht (Variante 2)

KV 10

Ist dein Energiehaushalt im Gleichgewicht?

› Beschreibe mögliche Folgen, wenn du zu viel oder zu wenig Nahrung (chemische Energie) zu dir nimmst.

Zu viel: _____

_____

Zu wenig: _____

_____

› Vermute und begründe, ob dein **Energiehaushalt** ausgeglichen ist.

_____

_____

_____

› Bestimme deinen **Gesamtenergieumsatz** für einen Tag mit Hilfe des Internets (z. B. *http://jumk.de/bmi/grundumsatz.php*) und schreibe deine Werte in das Bild.

› Bestimme nun für einen „typischen Tag" deine **Gesamtenergiezufuhr**. Nutze das Internet (z. B. *http://jumk.de/bmi/naehrwert.php*) oder die Angaben auf den Nahrungsmitteln.

Hinweis: Du kannst bei den Angaben sinnvoll runden und schätzen. Schreibe die Angaben in die Tabelle.

Rechne alle Energiewerte zusammen.

Gewicht (Masse in kg) ☐
Größe (in cm) ☐
Alter (in Jahren) ☐
Geschlecht ○ männlich ○ weiblich
[Berechnen]
Aktivität (pro Woche) ☐
Gesamtenergieumsatz (in kcal) ☐

Frühstück Wie viel von was?	Energie (in kcal)	Mittag Wie viel von was?	Energie (in kcal)	Abend Wie viel von was?	Energie (in kcal)
Summe:		Summe:		Summe:	
Deine **Gesamtenergiezufuhr** für einen Tag beträgt:					

› Ziehe Bilanz: Vergleiche deine **Gesamtenergiezufuhr** mit deinem **Gesamtenergieumsatz**.

_____

_____

_____

_____

Experimentieren Sie!

Name:
Klasse: Datum:
Energieumsatz beim Laufen

KV 11

Das Laufexperiment

Miss mit einem Laufband oder einem Smartphone (+App) den Energieumsatz beim Laufen.

VORBEREITUNG

› Nenne drei Gründe, warum Laufen gesund ist.

› _____

› _____

› _____

› Was sollte man für einen längeren Lauf beachten?

› Schuhe: _____

› Bekleidung: _____

› Trinken: _____

› Essen: _____

› Dehnungen: _____

› Vermute, wie viel Energie du für einen gelaufenen Kilometer benötigst? _____

AUF DIE PLÄTZE, APP UND LOS!

AUSWERTUNG

› Was sollte man sofort nach einem längeren Lauf tun? Markiere die sinnvollen Tipps mit einem Textmarker.
  › Saftschorle, Cola, Limonade, Mineralwasser, Kaffee oder Tee trinken?
  › Eine Gurke, eine Banane, eine Schokolade oder eine Bratwurst essen?
  › Relaxen, Schlafen, Dehnungen, Kraftsport oder leichte Dehnungen?

› Schreibe die Messdaten für deinen Lauf auf.

Laufstrecke (Weg)	
Laufzeit (Gesamtzeit)	
Geschwindigkeit	
Energieumsatz	

› Wie fühlst du dich …

  › … vor dem Laufen? _____

  › … beim Laufen? _____

  › … nach dem Laufen? _____

Naturwissenschaftsunterricht mit Aha-Effekt

Magnetische Kräfte

	Lernstationen
Thema	Anziehende Kraftwirkungen durch magnetische Influenz
Materialien	Station 1 **Magnetisch werden:** eine Eisennadel (z. B. Stricknadel), ein starker Dauermagnet
	Station 2 **Magnetische Kette:** ein Dauermagnet, ca. 20 Büroklammern
	Station 3 **Magnetisch orientieren:** Lageplan (z. B. Schule), ein Kompass, Smartphone (Kompass-App)
	Station 4 **Magnetisch schweben:** ein flacher Dauermagnet, zweiseitiges Klebeband, eine Büroklammer und ein Bindfaden (ca. 40 cm lang)
	Station 5 **Magnetisch rollen:** eine Metallkugel (Eisen, Stahl), ein Dauermagnet, Rennstrecke (mit Start und Ziel), eine Stoppuhr oder Smartphone
	Station 6 **Magnetpole suchen:** ein Stabmagnet (ca. 20 cm), ein zerbrochener Stabmagnet, 6 Büroklammern
	Zusatz „**Hilfe – der Magnet ist zerbrochen**": ein zerbrochener Dauermagnet, Büroklammern

WORUM GEHT ES – WAS WIRD DEUTLICH?

Magnetismus zeigt sich für uns als Bewegung eines magnetisierten Körpers in Folge einer Kraftwirkung auf ihn. Jeder Stoff kann magnetisiert werden. Besonders gut sind ferromagnetische Stoffe (Stoffe, die Eisen, Kobalt oder Nickel enthalten) geeignet, da sie im Inneren aus vielen Minimagneten bestehen. Die Minimagnete oder Elementarmagnete werden nach ihrem Entdecker **P. Weiss** auch als *Weisssche Bezirke* bezeichnet. In einem nicht magnetisierten Körper sind die Minimagnete ungeordnet und ihre magnetische Wirkung hebt sich nach außen hin auf. Erst wenn die Minimagnete geordnet werden, z. B. durch das gleichmäßige Streifen in eine Richtung über eine Stahlnadel mit einem Magneten, wird der Körper selbst ein Magnet. Es entsteht an den Enden des Körpers der magnetische Nord- bzw. Südpol. Man spricht von einem magnetischen Dipol. Um den Körper baut sich ein magnetisches Feld (Kraftfeld) auf. Umfasst ein magnetisches Feld einen nicht magnetisierten ferromagnetischen Körper, wird dieser selbst magnetisiert *(Magnetische Influenz)*. Zwischen dem Magneten und dem magnetisierten Körpern wirken anziehende Kräfte und sie bewegen sich (wenn die Möglichkeit besteht) aufeinander zu.

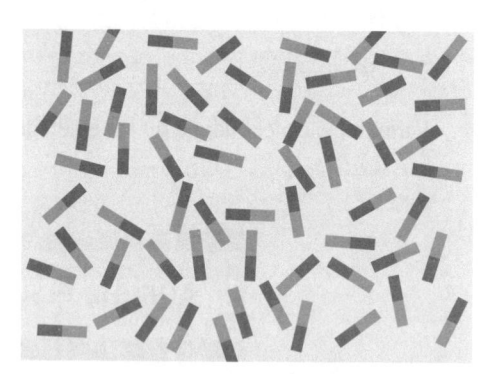

WAS IST ZU TUN?

Die ausgewählten Lernstationen ermöglichen eine prägnante Einführung in die Thematik Magnetismus. Während der Durchführung halten die Schüler ihre Beobachtungen und Ergebnisse der Experimente im Protokoll (KV 12) fest. Vor der anschließenden Auswertung in einer der folgenden Stunden, empfiehlt sich die Modellierung der Magnetisierung durch magnetische Influenz mit den geordneten Minimagneten (MATERIAL Minimagnete) vorzunehmen. Die Schüler erhalten die Minimagnete und modellieren einen nach außen magnetischen und einen nicht magnetischen Körper. Anschließend formulieren die Schüler Beschreibungen und geben Deutungen und Erklärungen für die durchgeführten Experimente. Vielfältige praktische Anwendungen runden die Thematik ab. In diesem Zusammenhang können Sie den magnetischen Sinn der Tiere behandeln (KV 14 und KV 15).

WIE KANN DIFFERENZIERT WERDEN?
> **NIVEAU 1:** Für die Lernstationen stehen *TIPPS* zu Verfügung.
> **NIVEAU 2:** Die Schüler führen das Experiment *„Hilfe – der Magnet ist zerbrochen"* durch (ZUSATZ) und werten mehrere Experimente aus.

TIPPS MAGNETISMUS
> **1 Magnetisch werden:** Die Nadel kann durch Klopfen auf einen harten Gegenstand entmagnetisiert werden. Zum Magnetisieren gleichmäßig und immer nur in eine Richtung mit dem Dauermagneten über die Nadel streifen. Diesen Vorgang mehrere Male wiederholen.
> **2 Magnetische Kette:** Haltet den Stabmagneten möglichst ruhig und lasst die Büroklammern am Magneten und an den Berührungsstellen etwas überlappen, aber nicht einhaken. *Trick:* Legt die Büroklammer etwas überlappt auf den Tisch und nehmt die Kette dann vorsichtig mit dem Magneten auf.
> **3 Magnetisch orientieren:** Die Kompass-App ist auf vielen Smartphones bereits vorhanden. Falls nicht, kann man eine kostenlose Version herunterladen. Lest die Hinweise zur App genau durch. Bei einigen Programmen muss der „App-Kompass" zuerst kalibriert werden.
> **4 Magnetisch schweben:** Das ist schwieriger als man denkt. Ihr benötigt viel Fingerspitzengefühl. Der Faden (Bindfaden) sollte sehr leicht sein und nur ca. 20 Zentimeter lang sein. Der Faden muss straff sein und rutschsicher befestigt sein.
> **5 Magnetisch rollen:** Einfacher wird es, wenn ihr den Magneten direkt oberhalb der Kugel führt. Der Magnet darf die Kugel aber nicht berühren. Vermeidet ruckartige Bewegungen und denkt an die Trägheit: Die Bewegungsänderungen solltet ihr schon im Voraus beachten und langsam einleiten.
> **6 Magnetpole suchen:** Haltet den Testkörper (hier eine Büroklammer) an die bezeichneten Stellen (1 bis 5). Versucht die Büroklammer langsam wegzuziehen, um die Stärke der Kraftwirkung zu spüren. Wo ist die Kraftwirkung *sehr groß, sehr schwach, mittelmäßig?*

MATERIAL MODELL „MINIMAGNETE"
Die Modell-Minimagnete sollen **a)** einen nicht magnetisierten und **b)** einen magnetisierten Körper bilden.
> Schneide die kopierten Modell-Minimagnete ordentlich aus.
> Verteile in jedem Rechteck 6 Minimagnete und klebe sie auf.

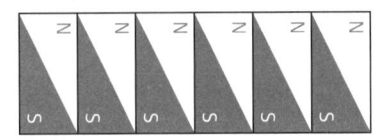

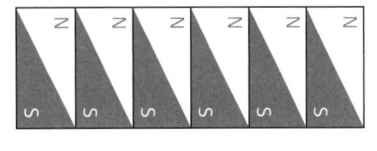

a) nicht-magnetisierter Körper

b) magnetisierter Körper

Naturwissenschaftsunterricht mit Aha-Effekt

STATIONSKARTEN MAGNETISCHE KRÄFTE

1. Station: Magnetisch werden!
> Prüft mit Büroklammern, ob die Nadel möglichst entmagnetisiert oder nur schwach magnetisiert ist.
> Magnetisiert die Nadel mit einem Dauermagneten.
> Prüft die Stärke der Magnetisierung.

Material: Stahlnadel (z. B. Stricknadel), Dauermagnet, Büroklammern

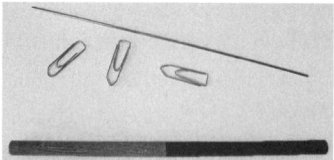

2. Station: Magnetische Kette!
> Bildet mit möglichst vielen Büroklammern eine Kette am Dauermagneten.
> Zählt die Büroklammern.

Material: Dauermagnet (Stab), Büroklammern und eine ruhige Hand

3. Station: Magnetisch orientieren!
> Bestimmt mit einem Kompass und mit dem Smartphone (Kompass-App) die Himmelsrichtungen.
> Skizziert die Lage der Schule und zeichne eine Kompassrose ein.

Material: Kompass, Smartphone (Kompass-App)

4. Station: Magnetisch schweben – Hokuspokus?
> Klebe den Magneten innen in deine Handfläche.
> Nimm den Faden mit der Büroklammer in die andere Hand.
> Lass die Büroklammer möglichst hoch schweben.
> Der Magnet darf die Büroklammer nicht berühren.

Material: zweiseitiges Klebeband, flacher Dauermagnet, Büroklammer an einem Faden

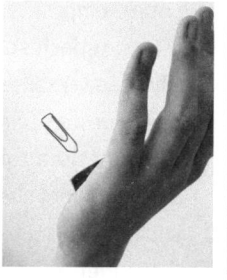

5. Station: Magnetisch rollen!
> Bewegt die Kugel mit dem Magneten entlang der vorgegeben Rennstrecke.
> Die Kugel darf nicht berührt werden.
> Jeder Schüler hat mehrere Versuche.
> Stoppt und notiert eure Zeiten.

Material: Dauermagnet, Stahlkugel, „Rennstrecke"

6. Station: Magnetpole suchen!
> Prüft mit Büroklammern die magnetische Wirkung an fünf Stellen eines Dauermagneten.
> Wo ist die magnetische Wirkung besonders groß?
> Wo ist die magnetische Wirkung kaum nachweisbar?

Material: Dauermagnet (Stab), Büroklammern

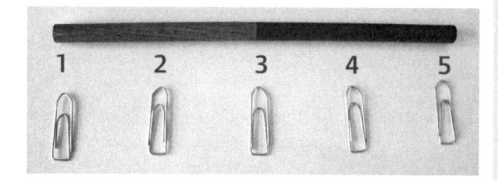

ZUSATZ:
> Hilfe – der Magnet ist zerbrochen!
> Prüft mit Büroklammern die magnetische Wirkung an den beiden Teilen eines zerbrochenen Dauermagneten.
> Beschreibt eure Beobachtungen.

Material: ein zerbrochener Dauermagnet (Stab), Büroklammern

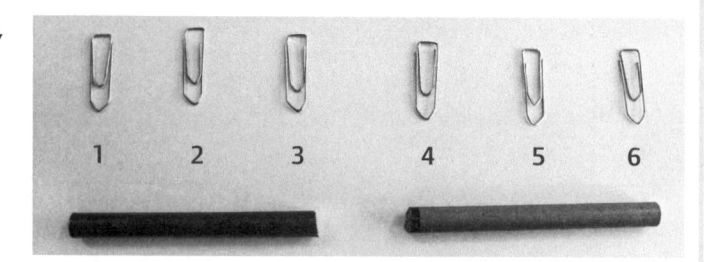

Name:
Klasse: Datum:
Magnetische Kräfte

KV 12

Bewegungen – ohne Berührung durch Magnetismus

DURCHFÜHRUNG
> Führe die Experimente (STATIONSKARTEN) gemeinsam mit deinem Partner durch (TIPPS 1–6).
> Schreibe deine Beobachtungen und Ergebnisse für jede Station in die Tabelle.

Station	Beobachtungen und Ergebnisse
1 Magnetisch werden	
2 Magnetische Kette	
3 Magnetisch orientieren	
4 Magnetisch schweben	
5 Magnetisch rollen	
6 Magnetpole suchen	

AUSWERTUNG
> Wähle ein Experiment aus.

Station: _____

> Skizziere den Versuchsaufbau.
> Beschrifte die Teile der Versuchsanordnung.
> Was hast du bei dem Experiment beobachtet?

_____
_____
_____
_____
_____

Skizze:

> Beschreibe, warum bestimmte Körper von einem Magneten angezogen werden.

_____
_____
_____

Naturwissenschaftsunterricht mit Aha-Effekt

Der magnetische Sinn

	Lernspiel
Thema	Magnetische Erscheinungen indirekt wahrnehmen
Materialien	verschiedene Formen oder Buchstaben aus ferromagnetischen Stoffen (z. B. aus mehreren kurzen Eisenelementen), ein Dauermagnet, eine Abdeckung (z. B. Holzplatte), eine Augenbinde oder ein Schal

WORUM GEHT ES – WAS WIRD DEUTLICH?

Der Mensch kann über seine eigenen Sinne (Sehen, Hören, Fühlen, Riechen, Schmecken und Gleichgewicht) die entsprechend passenden Informationen aus der Umwelt direkt wahrnehmen. Bestimmte Erscheinungen (z. B. Elektrizität, Magnetismus, Radioaktivität, Funkwellen, Ultraschall und Infraschall) kann der Mensch nur indirekt über dessen Wirkungen oder technisch mit Messgeräten wahrnehmen. Einige Tiere (z. B. Graugänse, Bienen, Tauben) können magnetische Erscheinungen (das Magnetfeld der Erde und die Veränderungen entsprechend den Bedingungen am jeweiligen Ort) direkt wahrnehmen und für ihre Orientierung nutzen. Vögel können mit ihrer Netzhaut (Auge) und dem magnetischen Organ (Magnetit in speziellen Sinneszellen am Schnabelansatz) das magnetische Feld der Erde direkt wahrnehmen und zu einer Art „magnetischen Landkarte" verarbeiten. Nur mit dem magnetischen Sinn gelingt es den Zugvögeln bei ihrem herbstlichen Flug in den Süden (hauptsächlich nach Afrika) nicht die kürzeste Route (über die Alpen und Sahara) zu wählen, sondern eine längere, die aber ihr Überleben sichert. Der magnetische Sinn der Tiere wurde in den 1970iger Jahren erstmalig entdeckt und ist Gegenstand zahlreicher Forschungen, die noch vielen offenen Fragen auf der Spur sind.

WAS IST ZU TUN?

Ausgehend von einer Übersicht der menschlichen Sinne für die direkte Wahrnehmung von Erscheinungen (KV 13), können Sie auf Phänomene überleiten, die der Mensch nur indirekt über ihre Wirkungen wahrnehmen kann, Tiere aber direkt mit speziellen Sinnesorganen (KV 14). Daraus folgt die Problemfrage: „Wie können wir uns den magnetischen Sinn vorstellen?". Das Lernspiel (KV 15) bietet eine Möglichkeit, die magnetische Wahrnehmung der Tiere modellhaft zu „begreifen", indem die Schüler „magnetische Informationen" als Kraftwirkung spüren und die dabei entstehenden Muster („Landkarten") sinnvoll interpretieren. Das Spiel macht mit vielen Zuschauern besonders Spaß. Ein Schüler oder der Lehrer legt und verdeckt die Information (Anzahl von Objekten, Buchstaben, Formen usw.) aus ferromagnetischen Teilen. Der jeweilige Spieler versucht nun mit einem Magneten die Botschaft zu entschlüsseln. Anschließend wechseln die Schüler ihre „Rollen". Als Zeitvorgabe sind pro Durchgang ca. 3 bis 4 Minuten ausreichend.
Hinweis: Die Abbildung auf Seite 37 können Sie auch bei anderen Experimenten für das Festhalten von Beobachtungen nutzen.

Das Legen der Botschaft: der Buchstabe Z und …

… die „Wahrnehmung" mit einem Magneten.

WIE KANN DIFFERENZIERT WERDEN?

> **NIVEAU 1:** Die Schüler ermitteln die Anzahl von verdeckten Körpern oder Sie geben eine mögliche Auswahl von Buchstaben vor.
> **NIVEAU 2:** Alle Buchstaben sind hier in der Auswahl. Der Schwierigkeitsgrad steigt weiter, wenn die Augen der Schüler verbunden sind.

Name:
Klasse: Datum:
Die Sinne

KV **13**

Wahrnehmung mit unseren Sinnen

1. Mit unseren Sinnen können wir unsere Umwelt direkt wahrnehmen.
   Trage die Begriffe aus der Tabelle passend in die Übersicht ein.

Ohren	**Sehen**	**Riechen**	**Schmecken**	**Tasten und Fühlen**
Haut	hart und weich	Farben	laut und leise	Licht
süß und bitter	Nase	Gerüche	Schall	**Hören**
Zunge	Augen	**Gleichgewicht**	salzig und sauer	warm und kalt

2. Phänomene mit unseren Sinnen wahrnehmen.
   Ergänze passende Angaben in der Tabelle.

Phänomen (Erscheinung)	Wahrnehmungen (Beobachtungen)	Sinnesorgan
ein Gewitter	Ein greller Lichtstrahl (Blitz).	
		Nase
	Es schmeckt fruchtig und süß und es ist kalt.	
mit der Achterbahn fahren		Gleichgewichtsorgan
		Hand (Haut)
ein Smartphone-Klingelton		

Naturwissenschaftsunterricht mit Aha-Effekt

Name:		Der magnetische Sinn der Tiere	KV **14**
Klasse:	Datum:		

Tiere mit eingebautem Kompass

Einige Tiere können mit speziellen Sinnesorganen das magnetische Feld der Erde direkt wahrnehmen und zu einer „magnetischen Landkarte" verarbeiten. Selbst bei Dunkelheit ist so eine genaue Orientierung möglich.

1 Welche Tiere verfügen über einen magnetischen Sinn und wozu nutzen sie ihn?

Tier	Beschreibe, wozu dieses Tier den magnetischen Sinn benötigt.
Wähle ein weiteres Tier mit dem magnetischen Sinn aus.	

2 Wo befinden sich die magnetischen Organe bei einer Graugans?
_____
_____
_____

3 Zeichne in die Skizze die Flugroute der Graugänse von Deutschland nach Afrika ein.

4 Warum nehmen Graugänse nicht die kürzeste Route?
_____
_____
_____
_____

5 Erstelle in deinem Heft einen Steckbrief über Graugänse.
Hinweis: Wissenschaftlicher Name, Vorkommen, Größe, Gewicht, Aussehen, Ernährung, Fortpflanzung, Besonderheiten

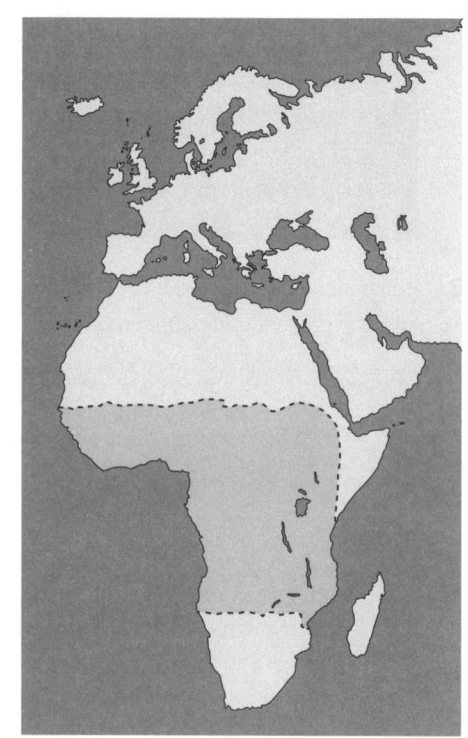

Experimentieren Sie!

Name:

Klasse: Datum:

Magnetische Wahrnehmung

KV 15

Hast du den magnetischen Sinn?

SPIELREGELN
> Unter der Abdeckung hat dein Lehrer oder ein Mitschüler eine „geheime Botschaft" versteckt.
> Geheime Botschaften können sein:
>> Wie viele Metallkörper befinden sich unter der Abdeckung?
>> Welcher Buchstabe wird gesucht?
> Versuche durch leichtes Bewegen eines Magneten oberhalb der Abdeckung die Botschaft wahrzunehmen.
> Erhöht den Schwierigkeitsgrad durch Verdecken der Augen mit einer Augenbinde oder einem Schal.

SPIEL AB!

AUSWERTUNG
> Skizziere einige Formen, Buchstaben … die du „magnetisch" erkannt hast?

> Beschreibe, wie du die verborgenen Botschaften wahrgenommen hast.
_____
_____
_____

> Warum konntest du einige Botschaften wahrnehmen, obwohl der Mensch kein magnetisches Sinnesorgan besitzt?
_____
_____
_____

> Graugänse haben einen magnetischen Sinn, aber wozu benötigen sie ihn?
_____
_____

Naturwissenschaftsunterricht mit Aha-Effekt

Achtung – Personenkontrolle!

	Demonstration und Schülerexperiment
Thema	Aufspüren ferromagnetischer Metalle mit einem Smartphone
Materialien	**Demonstration:** Smartphone mit magnetischem Sensor und Kompass-App, Versuchskörper aus Eisenmetall (z. B. Schlüsselbund) **Schülerexperiment:** Smartphone (s. o.), Versuchskörper aus unterschiedlichen Stoffen (Eisen, Nickel, Holz, Kupfer, Glas …)

WORUM GEHT ES – WAS WIRD DEUTLICH?

Im Inneren der Erde erzeugt ein so genannter Geodynamo ein magnetisches Feld. Der geomagnetische Südpol liegt in der Arktis (in der Nähe des geografischen Nordpols) und dient Mensch und Tier als feste Orientierungsmöglichkeit. In modernen Smartphones sind bereits magnetische Sensoren integriert. In Verbindung mit einer entsprechenden App kann die Stärke des Magnetfeldes gemessen werden. Im Normalfall (ohne äußere Störungen) beträgt die Feldstärke **49 µT** (Mikrotesla) bzw. **490 mG** (Milligauss). Erfasst der Sensor bestimmte Metalle (ferromagnetische Stoffe), dann verstärkt sich das magnetische Feld. Elektromagnetische Wellen, hervorgerufen durch elektronische Geräte, können ebenfalls die gemessene Feldstärke beeinflussen. Je stärker diese Störungen ausfallen, desto größer ist die gemessene Feldstärke. Somit kann das Smartphone als Metalldetektor in vielen Situationen zur Anwendung kommen.

WAS IST ZU TUN?

Starten Sie eine geeignete App (z. B. Metalldetektor oder Kompass) auf dem Smartphone und nehmen Sie die Einstellungen und Initialisierungen entsprechend der Bedienungsanleitung vor. Dazu halten Sie das Smartphone hoch über ihren Kopf und beschreiben eine imaginäre Acht. Für die Demonstration können Sie mit den Schülern eine Personenkontrolle, wie sie beispielsweise auf Flughäfen und vor Konzerten üblich und den Schülern bekannt ist, nachstellen. Dabei sollen mit Hilfe des Smartphones versteckte metallische (ferromagnetische) Gegenstände gefunden werden, ohne die Person zu berühren. Über die App-Einstellungen können Sie ab einem bestimmten Wert der Feldstärke (z. B. ab 70 µT) einen Piepton aktivieren, der die Demonstration noch realistischer werden lässt. Natürlich können die Schüler experimentell (KV 16) verschiedene Stoffe hinsichtlich der Reaktion auf den Metallsensor untersuchen und die Feldstärke messen.

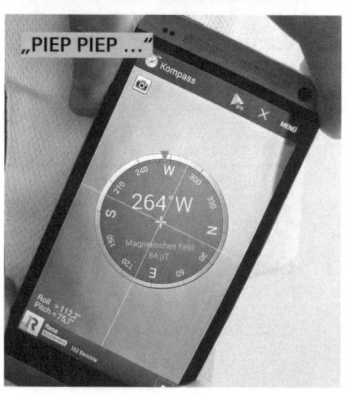

WIE KANN DIFFERENZIERT WERDEN?

> **NIVEAU 2:** Die Schüler nehmen selbstständig die Planung und Auswertung des Experiments vor. Die Problemfrage kann lauten: Welche Körper (Stoffe) lassen sich aufspüren?

Name:
Klasse: Datum:
Der magnetische Sensor

KV 16

Das Smartphone hat einen magnetischen Sinn

Welche Körper (Stoffe) spürt der magnetische Sensor auf?

VORBEREITUNG

› Beschreibe kurz drei Situationen in denen Personen auf versteckte Gegenstände kontrolliert werden.

› _____

› _____

› _____

› Warum können Menschen magnetische Felder nicht direkt wahrnehmen?

_____

_____

DURCHFÜHRUNG

› Bereite das Smartphone mit der App auf das Messen der magnetischen Feldstärke vor. Die Hinweise dazu findest du direkt in der App.
› Miss die magnetische Feldstärke über verschiedene Körper. Halte das Smartphone beim Messen immer ca. 5 cm vom Körper entfernt.

Körper	Stoff Magnetische	Feldstärke
Beispiel: Heizkörper	Eisenmetall	88 µT

AUSWERTUNG

› Welche Stoffe spürt der magnetische Sinn des Smartphones auf?
_____

› Welche Stoffe findet der magnetische Sensor des Smartphones nicht?
_____

Naturwissenschaftsunterricht mit Aha-Effekt

Dem Geheimnis einer Vogelfeder auf der Spur

	Schülerexperiment
Thema	Den Bau und die Funktionsweise von Vogelfedern untersuchen
Materialien pro Schüler	eine Lupe, ein Bleistift, eine Feder (z. B. die Schwungfeder von einer Gans); *Hinweis:* Vogelfedern können z. B. über ebay oder Amazon bezogen werden.

WORUM GEHT ES – WAS WIRD DEUTLICH?

In dieser Unterrichtssequenz untersuchen die Schüler ausgehend von einem Problem (MATERIAL) eine Vogelfeder hinsichtlich ihres Aufbaus und ihrer Funktionsweise. Federn (lat. penna) sind auf der Außenhaut der Vögel wachsende Gebilde aus Horn (β-Keratin). Sie zeichnen sich durch besondere Flugeigenschaften und eine Vielzahl weiterer Funktionen (z. B. optische Reizgebung, Tarnung, Warnung, Anlockung …) aus.
Eine Vogelfeder besteht aus einem zentralen hohlen Schaft und einer Federfläche, die so genannte Fahne. Vom Schaft zweigen Federäste ab, die wiederrum kleinere Seitenäste tragen. Diese werden als Federstrahlen bezeichnet und unterteilen sich in Hakenstrahlen und Bogenstrahlen. An den Hakenstrahlen sitzen kräftige Häkchen, die in die Bogenstrahlen des benachbarten Federastes greifen. Putzt ein Vogel sein Gefieder, dann zieht er jede Feder der Länge nach durch seinen Schnabel und vereinigt dadurch die Federäste zu einer geglätteten Fahne. Manchen Federn, z. B. Daunenfedern, fehlen die Häkchen. Dies führt zu einer flaumigen Struktur der Federäste und ermöglicht durch die darin zurückhaltbare Luft eine hervorragende Isolation vor Wärmeverlusten.
Das Schülerexperiment ermöglicht den Schülern eine individuelle forschend-entwickelnde Untersuchung der Vogelfeder. Daraus können weitere Fragen zu naturwissenschaftlichen Kontexten resultieren, die über diese Thematik hinaus gehen (z. B. zur Aerodynamik oder zur Bionik). Es empfiehlt sich, diese Fragen zu fixieren und diese in eine der folgenden Stunden zu thematisieren.

WAS IST ZU TUN?– WIE KANN MAN DEM PAPAGEI HELFEN?

Als Einstieg lesen Sie oder ein Schüler den Zeitungsartikel (MATERIAL 1) vor und leiten beispielsweise die folgenden Problemfragen ab:
> *Warum können Vögel mit zerzausten Federn nicht fliegen?*
> *Kann man Federn reparieren?*
> *Wie kann man dem Papagei helfen?*

Die Schüler schreiben anschließend selbstständig Hypothesen in ihr Heft. Dabei entwickeln die Kinder teilweise sehr kuriose und lustige Ideen:
> *„Da hilft nur ein Gipsverband."*
> *„Da müssen erst neue Federn nachwachsen."*
> *„Man könnte die Federn mit Haargel einschmieren."*

Aus den z. B. an der Tafel gesammelten Beiträgen ergibt sich die Notwendigkeit, den Aufbau und die Funktionsweise einer Feder genau zu untersuchen, um die aufgeworfenen Fragen beantworten zu können. Diese Untersuchungen nehmen die Schüler selbstständig nach Anleitung (KV 17) vor. Für die Auswertung präsentieren die Schüler ihre Ergebnisse und beantworten die gestellten Fragen. In einer der nächsten Stunden oder als Hausaufgabe schreiben die Schüler einen ausführlichen Zeitungsbericht (MATERIAL 2), der die Thematik Federn und Fliegen zusammenfasst. Ein schöner *Aha-Effekt* kann erzielt werden, wenn ein als Nachrichtensprecher verkleideter Schüler den Bericht vorträgt. Natürlich können Sie den Beitrag auch mit einem Smartphone oder mit einer Videokamera festhalten. Als Abschluss der interessanten „Federkunde" bietet sich ein Blick in die vielfältigen Anwendungen und Nutzungsmöglichkeiten (KV 18) von Vogelfedern an.

WIE KANN DIFFERENZIERT WERDEN?

› **NIVEAU 1:** Die Schüler erhalten TIPPS für die Beschriftung der Vogelfeder mit den Fachbegriffen:
Variante 1: Die Vorlage *(TIPP 1)* enthält bereits die Zuordnung der Fachbegriffe und kann von den Schülern ausgeschnitten und aufgeklebt oder auf ihre Skizze übertragen werden.
Variante 2: In der Vorlage *(TIPP 1)* müssen die vorgegebenen Fachbegriffe zugeordnet werden. Die fertige Zeichnung kann in das Protokoll geklebt werden (KV 17).
Für den Nachrichtenbeitrag können die Schüler vorgegebene Begriffe *(TIPP 3)* nutzen.

› **ZUSATZ:** Warum eignen sich Daunenfeder nicht als Flugfedern?

Daunenfeder

MATERIAL   DEM GEHEIMNIS EINER VOGELFEDER AUF DER SPUR

Material 1   Zeitungsartikel

Lichtenberger Zeitung

Alt-Hohenschönhausen. Die Kameraden der Freiwilligen Feuerwehr rückten am Montag zu einer ungewöhnlichen Rettungsaktion in die Werneuchener Straße aus. Der Papagei Gustav nutze ein offen stehendes Fenster zur Flucht. Weit kam der Vogel allerdings nicht, denn bereits im nächsten Baum verfing er sich zwischen den Ästen.

Die Feuerwehr konnte den erschöpften Gustav mit einer Leiter aus seiner Falle befreien. Die anschließende Untersuchung durch eine Tierärztin ergab, dass Gustav kaum Federn verloren hatte. Durch die heftigen Flügelbewegungen waren aber die Federn stark zerzaust und völlig ungeordnet.

Material 2   Vorlage für den Nachrichtenbericht

Papagei auf der Flucht

› Schreibe einen Beitrag für die Nachrichten. Berichte, wie es dem Papagei nach seiner Befreiung ergangen sein könnte.
Hinweise: Was haben deine Untersuchungen ergeben? Nutze diese Ergebnisse zum Schreiben deines Berichts.

Herzlich Willkommen zu eurem Nachrichtenmagazin.

TIPPS DEM GEHEIMNIS EINER VOGELFEDER AUF DER SPUR

Tipp 1 — Aufbau einer Feder

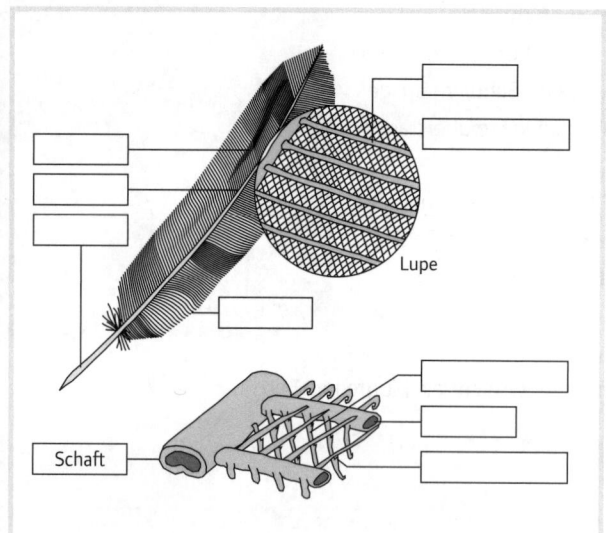

Trage die folgenden Begriffe richtig in das Bild ein:
Bogenstrahl, Spule, Daunen, Schaft, Ast, Fahne, Strahlenreihen, Federast und Hakenstrahl.
Schneide das Bild aus und klebe es auf dein Protokoll.

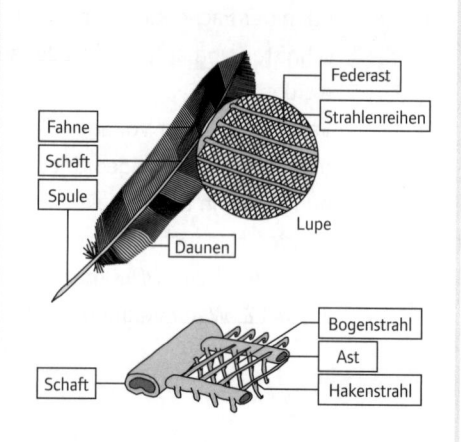

Schneide das Bild aus und klebe es auf dein Protokoll.

Tipp 2 — Eigenschaften einer Feder

Der folgende Text hilft dir bei der Beantwortung der Fragen im Protokoll.

Die Vogelfeder ist eines der schönsten und oft farbenprächtigsten Produkte der Natur. Ihre speziellen Eigenschaften kann man technisch nur schwer nachbilden. Das sind neben ihrer Festigkeit und Stabilität auch eine gewisse Elastizität und natürlich ein geringes Gewicht. Diese Eigenschaften sind ideal zum Fliegen. Vogelfedern bestehen aus Keratin – einem Stoff, aus dem auch unsere Haare und Fingernägel aufgebaut sind. Die Federäste der Vogelfeder bestehen aus Haken- und Bogenstrahlen, die untereinander fest verbunden sind. Das erzeugt nicht nur die sehr hohe Stabilität, sondern schützt auch vor Feuchtigkeit und Wind. Allerdings können sich die Strahlen wie ein Klettverschluss trennen und zusammenfügen. Die Konstruktion ist so einfach wie genial. Vögel gebrauchen ihre Federn jedoch nicht nur zum Fliegen. Sie dienen außerdem zur Tarnung und als Schutz vor Kälte und Nässe.

Tipp 3 — Ausgewählte Begriffe für den Nachrichtenbeitrag

Vögel	Federn	Farben
Fingernagel	Horn (Keratin)	das Muster/die Muster
geringes Gewicht	Stabilität	fliegen
Funktionen	Kälte	Nässe
Tarnung	Beschädigung	reparieren/Reparatur
Schnabel	Spule	Strahlenreihen
Fahne	Hakenstrahl	Bogenstrahl
Federast	Schaft	Häkchen
verhaken	Klettverschluss	Daunen

Name:
Klasse:
Datum:
Vogelfeder

KV **17**

Dem Geheimnis einer Vogelfeder auf der Spur

VORBEREITUNG
> Notiere die Stundenfrage: _____
> _____

DURCHFÜHRUNG
> Betrachte die Feder aufmerksam mit einer Lupe.
> Fertige eine Übersichtszeichnung deiner Feder mit einem Bleistift an und beschrifte sie *(TIPP 1)*.

> Kann eine Feder repariert werden? Zupfe vorsichtig die geschlossene Innenfläche der Feder auseinander und versuche sie dann wieder zusammen zu streifen. Beschreibe, was du siehst.
> _____
> _____

AUSWERTUNG
> Wie muss eine Feder beschaffen sein, damit das Fliegen erst möglich wird *(TIPP 2)*?
> _____
> _____

> Formuliere eine kurze Antwort zur Stundenfrage.
> _____
> _____

> **Für Profis:** Was haben eine Feder und ein Klettverschluss gemeinsam? Arbeite in deinem Heft.

Naturwissenschaftsunterricht mit Aha-Effekt

Name:
Klasse:
Datum:
Nutzung von Vogelfedern

KV 18

Wir nutzen Vogelfedern!

Die Menschen haben für die Nutzung von Federn interessante Ideen entwickelt. Besonders bekannt sind der Federschmuck der Indianer und die Herstellung von Schreibfedern. Aus der griechischen Mythologie ist der übermütige Ikarus überliefert, der mit Flügeln aus Federn und Wachs der Sonne zu nah kam und ins Meer stürzte.

> Beantworte für jedes Bild stichpunktartig die beiden Fragen:
>> Wozu dienen die Vogelfedern in diesem Beispiel?
>> Welche Eigenschaften der Federn werden genutzt?

1 _____

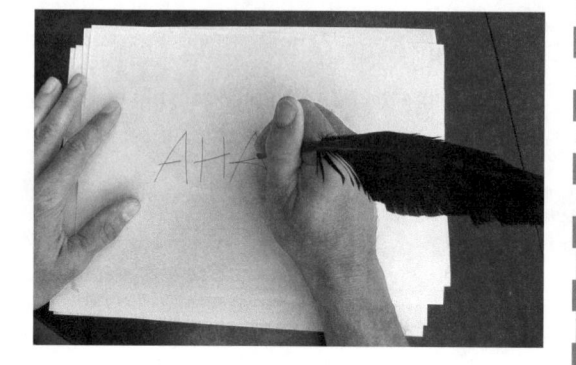

2 _____

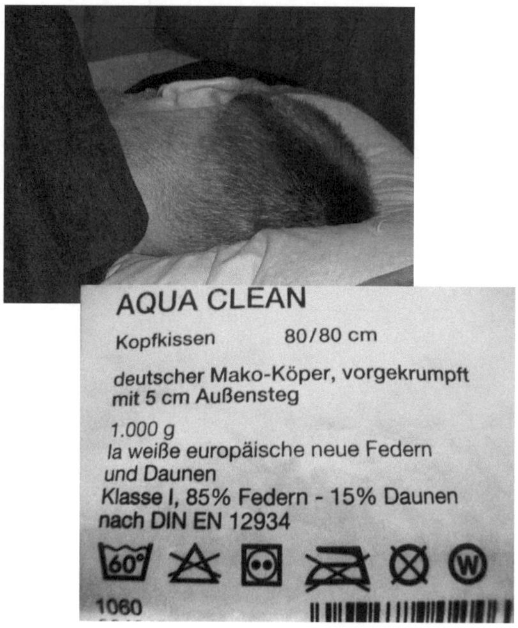

3 _____

4 _____

46

Experimentieren Sie!

Elektrotechnische Schaltungen

	Lernspiel und Schülerexperimente
Thema	Entwerfen, Aufbauen und Erproben von Schaltungen der Elektrotechnik
Materialien	Lernspiel: Karten (s. S. 14/15) Schülerexperimente: Spannungsquelle, Kabel und … 1 **Reihenschaltung:** zwei Glühlampen, ein Schalter 2 **Reihenschaltung:** drei Batterien, ein Taster, eine Glühlampe 3 **Parallelschaltung:** zwei Glühlampen, ein Schalter 4 **Wechselschaltung:** zwei Wechselschalter, eine Glühlampe 5 **Stromstärke messen:** eine Glühlampe, ein Amperemeter, ein Schalter 6 **Spannung messen:** eine Glühlampe, ein Voltmeter, ein Schalter 7 **Reihen- und Parallelschaltung:** ein Motor, eine Heizung (*Hinweis:* Als Heizung kann modellhaft eine Glühlampe verwendet werden), zwei Schalter (heiß und kalt)

WORUM GEHT ES – WAS WIRD DEUTLICH?

Das Entwerfen, Aufbauen und Erproben von Schaltungen nach konkreten Problem- und Aufgabenstellungen gehört zu den Kernkompetenzen der Elektrotechnik. Die Schüler realisieren umfangreiche Abstraktionsprozesse (siehe Modelle S. 10), führen praktische Tätigkeiten (Experimente) im Team durch und erkennen weitere sinnvolle Anwendungen für elektrotechnische Schaltungen in ihrer Umwelt.

WAS IST ZU TUN?

Um die nachfolgenden Schaltpläne und modellhaften Schaltungen realisieren zu können, lernen die Schüler zunächst wichtige Bauteile der Elektrotechnik kennen und ordnen ihnen die Bezeichnungen und die üblichen Schaltzeichen zu. Da die Schaltzeichen teilweise nicht einheitlich gestaltet sind, sollten die Schüler möglichst die Schaltpläne auch beschriften. Für die Zuordnung der Bauteile zu den Schaltzeichen können Sie mit den kopierten (eventuell vergrößerten und laminierten) Karten vom Thema Modelle (Seiten 14 und 15) und weiteren selbst erstellten Karten folgendermaßen arbeiten:

› Sie führen ein Lernspiel (Bauteil–Schaltzeichen–Paare) in Partnerarbeit durch.
› Die Schüler arbeiten selbstständig, wobei sie die Karten paarweise in ihr Heft kleben. Die Auswertung erfolgt im Anschluss als Präsentation.
› Sie wählen eine Gruppenarbeit für die Präsentation der paarweisen Zuordnung an der Tafel.

Die Schülerexperimente zu den Schaltungen (MATERIAL/AUFGABEN) können hintereinander und stundenweise durchgeführt werden oder in leistungsstarken Lerngruppen parallel beim Lernen an Stationen. In jedem Fall sollten Zusatzsaufgaben bereitliegen, da erfahrungsgemäß die Zeitspanne beim Aufbau von Schaltungen sehr groß ist. So können die Schüler beispielsweise auf der Rückseite des Protokolls weitere Anwendungen (*TIPP*) für die entsprechende Schaltung skizzieren und beschreiben. Das Protokoll (KV 19) können Sie für diese und für weitere Schaltungen nutzen.

WIE KANN DIFFERENZIERT WERDEN?

› **NIVEAU 1:** Der Schaltplan wird als Mosaik (MATERIAL) vorgegeben und ist von den Schülern funktionsgerecht zusammenzusetzen. Für die Zuordnung von technischen Anwendungen zu den Schaltungen (1 bis 7) erhalten die Schüler einen *TIPP*.
› **NIVEAU 2:** Für leistungsstarke Lerngruppen und für einen zeitlich längeren Rahmen können die Schüler mehrere Experimente als Lernstationen durchlaufen. Die Schaltpläne zeichnen die Schüler möglichst selbstständig.

MATERIAL/AUFGABEN I ELEKTROTECHNISCHE SCHALTUNGEN

Schaltung 1: Reihenschaltung von Glühlampen
› Zwei Glühlampen, eine Spannungsquelle und ein Schalter sollen in einem Stromkreis geschaltet werden.
› Wenn eine Lampe kaputt ist, soll die andere Lampe auch ausgehen.

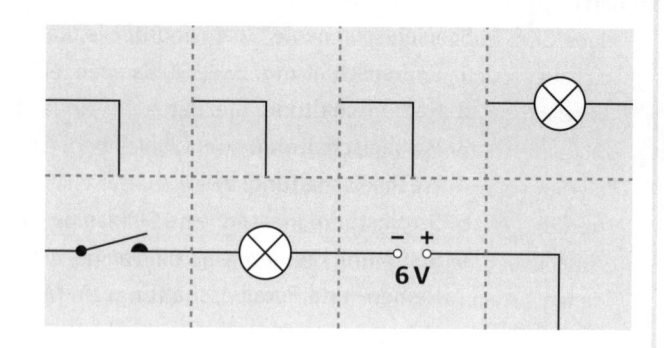

Schaltung 2: Reihenschaltung von Batterien
› Schalte drei Batterien in Reihe mit einer Glühlampe und einem Taster zueinander.
› Wie groß ist die gesamte Spannung an der Glühlampe?

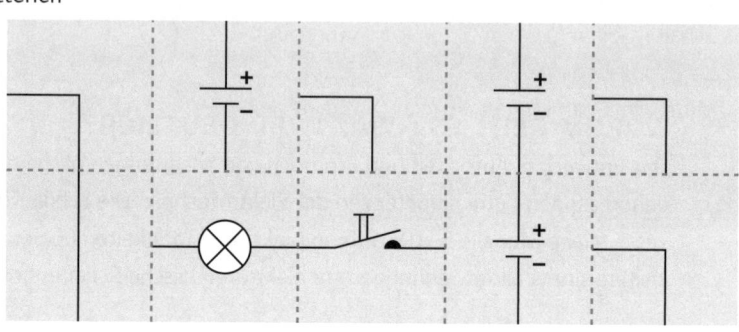

Schaltung 3: Parallelschaltung von Glühlampen
› Zwei Glühlampen, eine Spannungsquelle und ein Schalter sollen in einem Stromkreis geschaltet werden.
› Wenn eine Lampe kaputt ist, soll die andere Lampe weiter leuchten.

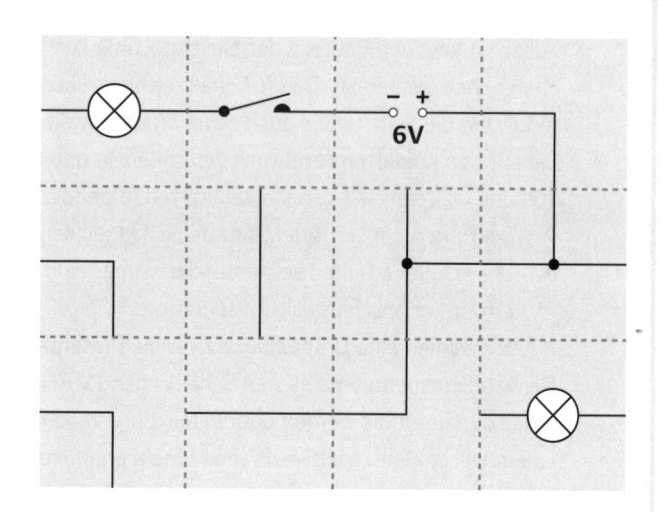

Schaltung 4: Wechselschaltung
› Eine Glühlampe soll mit zwei Schaltern ein- und ausgeschaltet werden können.
› Beide Schalter müssen unabhängig voneinander das Ein- und Ausschalten ermöglichen.

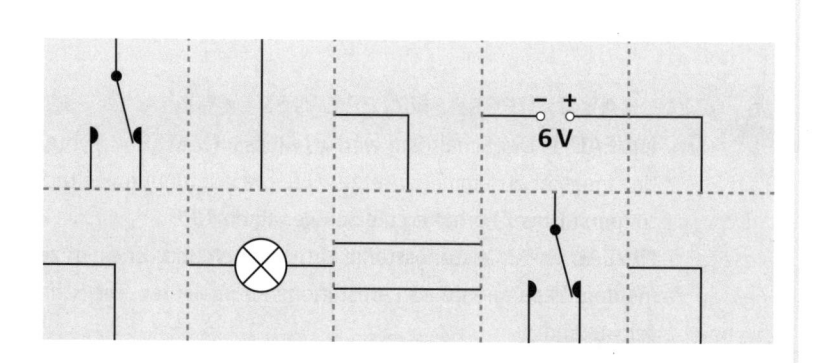

Experimentieren Sie!

MATERIAL/AUFGABEN II   ELEKTROTECHNISCHE SCHALTUNGEN

Schaltung 5: Messen der Stromstärke
> Eine Glühlampe, eine Spannungsquelle und ein Schalter sollen in einem Stromkreis geschaltet werden.
> Mit einem Strommessgerät (Amperemeter) soll die Stromstärke vor der Glühlampe gemessen werden.
> Anschließend misst du auch die Stromstärke mit dem gleichen Amperemeter hinter der Glühlampe.

Schaltung 6: Messen der Spannung
> Eine Spannungsquelle, eine Glühlampe und ein Schalter sollen in einem Stromkreis geschaltet werden.
> Mit einem Spannungsmessgerät (Voltmeter) soll die Spannung an der Glühlampe gemessen werden.
> Miss anschließend auch die Spannung an der Spannungsquelle.

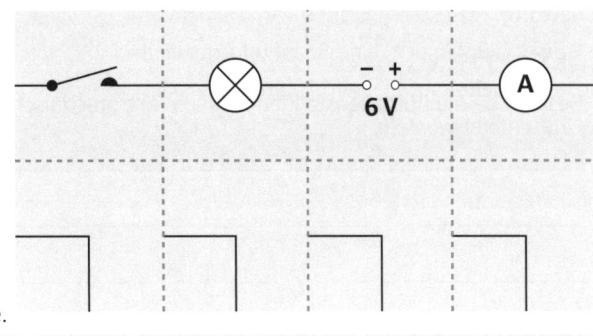

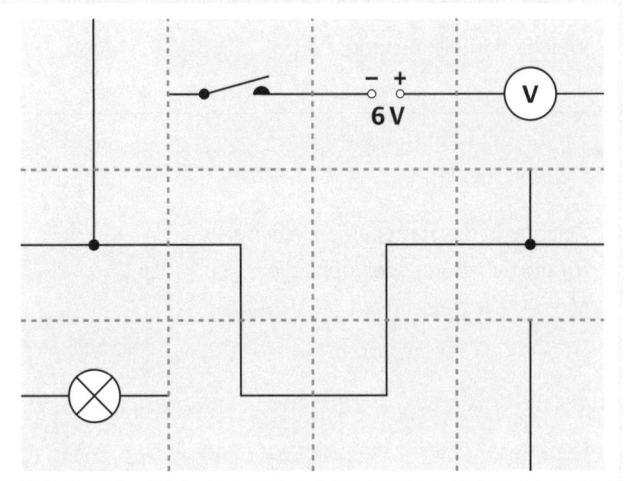

Schaltung 7: Motor, Heizung und zwei Schalter
> In einem Stromkreis sind ein Motor und eine Heizung parallel geschaltet.
> Die Heizung darf nur eingeschaltet, wenn der Motor läuft.
> Wird der Motor ausgeschaltet, muss sich die Heizung automatisch mit abschalten.

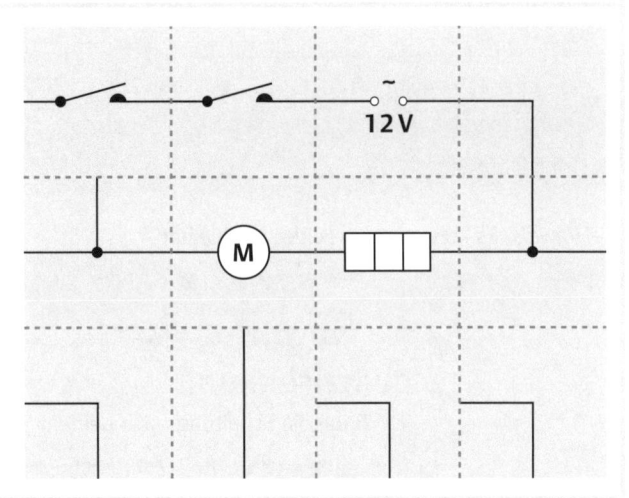

TIPP   ANWENDUNGEN FÜR DIE SCHALTUNGEN:

> **Haartrockner:** Am Motor ist ein Lüfterrad angeschlossen. Die Heizung darf nur mit Lüftung an sein.
> **Leuchte im Wohnzimmer:** Mehrere Lampen werden für mehr Helligkeit parallel geschaltet.
> **Messen der Stromstärke:** Die Stromstärke vor und nach der Glühlampe ist gleich groß.
> **Messen der Spannung:** Die Spannung am Bauelement und die Spannung an der Quelle sind gleich groß.
> **Flurbeleuchtung:** In großen Räumen kann von 2 Stellen das Licht ein- und ausgeschaltet werden.
> **Schwibbogen (Weihnachten):** Mehrere Lampen werden in Reihe geschaltet.
> **Taschenlampe:** Mehrere Batterien ergeben ein höhere Gesamtspannung für mehr Helligkeit.

Naturwissenschaftsunterricht mit Aha-Effekt

Name: Elektrotechnische Schaltungen KV **19**
Klasse: Datum:

Schaltungstechnik

VORBEREITUNG

> Beschreibe die Aufgabenstellung für die elektrotechnische Schaltung.

_____
_____
_____
_____

> Welche Bauteile benötigst du?

_____
_____

> Zeichne in das Raster einen Schaltplan für die Schaltung oder klebe die Mosaikteile passend auf (MATERIAL).

Hinweis: Es können auch Felder frei bleiben.

DURCHFÜHRUNG

> Baue die Schaltung nach deinem Schaltplan auf und erprobe sie.

AUSWERTUNG

> Beobachtungen und Ergebnisse: Was hast du mit der Schaltung herausgefunden?

_____
_____

> Beschreibe kurz eine Anwendungsmöglichkeit *(TIPP)* für diese Schaltung.

_____
_____

Experimentieren Sie!

AN – AUS – AN – AUS – AN ... – Das Bügeleisen

	Demonstration und Schülerexperiment
Thema	Das Bügeleisen – ein Gerät aus dem Alltag – mit automatischer Temperatursteuerung
Materialien	**Demonstration:** ein funktionierendes Bügeleisen, ein Kontaktthermometer, ein Schnittbild oder ein Schnittmodell des Bügeleisens **Schülerexperiment:** SVG (Gleichspannung U = 5 V), ein Bimetallbauelement, zwei Glühlampen (eine modellhaft für die Heizung und eine für die optische Betriebsanzeige), Kabel
Sicherheitshinweise	Bei Schnittmodellen sollte der Netzstecker entfernt sein, damit das Gerät nicht versehentlich an das Netz angeschlossen werden kann. Die Bügelsohle stets auf nicht brennbaren Untergründen abstellen und nicht berühren.

WORUM GEHT ES – WAS WIRD DEUTLICH?

Mit der Nutzung der Elektrizität für Bügeleisen zum Erwärmen der Bügelsohle und der automatischen Regelung der Temperatur z. B. mit einem Bimetall wurde das Bügeln bequemer und sicherer. Ein Bimetall besteht aus zwei unterschiedlichen Metallen, die fest verbunden sind. Fließt durch den Bimetall Strom, dann erwärmen sich die beiden Metalle unterschiedlich stark, was zum Krümmen des Streifens und zum Öffnen des Stromkreises führt. Nach dem Abkühlen erreicht das Bimetall seine Ausgangslage und schließt den Stromkreis. Diese Vorgänge wiederholen sich periodisch entsprechend den Einstellungen am Bimetall (Stellschraube mit Feder). Heutige Bügeleisen verfügen weiterhin über die Möglichkeit, mit Dampf noch bessere Bügelergebnisse zu erzielen.

Der Stecker wurde durch Entfernen der Stifte gesichert.

Mit dem Regelrad wird über eine Schraube das Bimetall justiert.

WAS IST ZU TUN?

Zuerst erkunden die Schüler phänomenologisch an einem funktionierenden Bügeleisen die äußerlich erfahrbare Funktionsweise des periodischen Ein- und Ausschaltens des Gerätes (Knackgeräusche und Kontrollleuchte). Daraus können die Problemfragen angeleitet werden:

> Aus welchen Teilen besteht ein Bügeleisen und welche Aufgabe haben sie?
> Warum wird der Stromkreis ständig ein- und ausgeschaltet?
> Wie kann ein Stromkreis von alleine (automatisch) abwechselnd ein- und ausgeschaltet werden?

Während der Demonstration messen Sie mit einem Kontaktthermometer die Temperaturen für die unterschiedlichen Bügelprogramme (KV 20).

Für die Simulation der vereinfachten Funktionsweise des Bügeleisens führen Sie das Schülerexperiment (KV 21) durch.

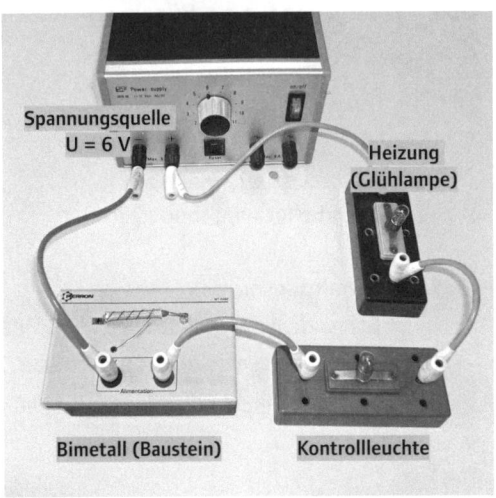

Spannungsquelle U = 6 V — Heizung (Glühlampe) — Bimetall (Baustein) — Kontrollleuchte

Naturwissenschaftsunterricht mit Aha-Effekt

WIE KANN DIFFERENZIERT WERDEN?

> **NIVEAU 1:** Für die Funktionsweise des Bügeleisens kann der *TIPP 1* angefordert werden. Der Schaltplan wird als Mosaik *(TIPP 4)* vorgegeben und ist von den Schülern funktionsgerecht zusammenzusetzen. Für die Auswertung der Demonstration (Messen der Bügeltemperaturen) können die Schüler die *TIPPS 2* und *3* (Typenschild und Bügelsymbole) nutzen.
> **NIVEAU 2:** Die Schüler entwerfen und zeichnen den Schaltplan.

TIPPS DAS BÜGELEISEN

Tipp 1 Wie funktioniert die Temperatursteuerung eines Bügeleisens?

Schreibe die folgenden Aussagen in der richtigen Reihenfolge in dein Heft. Die Buchstaben neben den Aussagen ergeben in der richtigen Reihenfolge das Lösungswort. Wie lautet es? _____

Aussagenchaos nicht sortiert	Lösung
Die Heizung und das Bimetall kühlen ab.	EI
Die gewünschte Temperatur ist erreicht.	ÜG
Die Heizung und der Bimetall erwärmen sich.	FB
Der Stromkreis ist geschlossen und es fließt Strom.	MP
Den Netzstecker in die Steckdose stecken.	DA
Das Bimetall krümmt sich und öffnet den Stromkreis.	EL
Diese Vorgänge wiederholen sich ständig und die Temperatur bleibt fast gleich.	EN
Das Bimetall erreicht wieder die Ausgangslage und schließt den Stromkreis.	S

Tipp 2 Informationen auf dem Typenschild der Kaffeemaschine

| Hersteller | Prüfzeichen | Typenbezeichnung | Leistung in Watt | Spannung in Volt |

Tipp 3 Angaben für das Bügeln von Wäsche und Kleidung (Bedeutung der Symbole und Stoffe)

heiß bügeln	Baumwolle	warm bügeln
Schafwolle	nicht zum Bügeln geeignet	Leinen
Seide	sehr heiß bügeln	Polyester
Beflockung (Sportshirts)	Nylon	Frottee

Tipp 4 Schaltungsmosaik

Schneide die Mosaikteile aus und klebe sie im Rahmen zu einer modellhaften Schaltung für ein Bügeleisen zusammen.

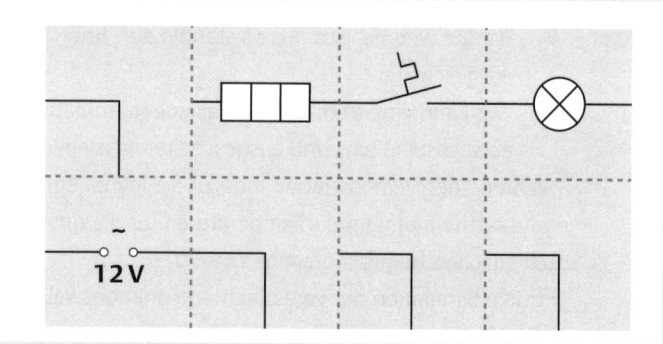

Name:
Klasse: Datum:

Das Bügeleisen

KV **20**

Das Bügeleisen

Wie heiß wird die Bügelsohle des Bügeleisens?

1. Ordne die folgenden Bauteile richtig zu.
   - *Thermometer*
   - *Dreifuß*
   - *Temperaturschalter*
   - *Messfühler*
   - *Netzkabel*
   - *Bügelsohle*

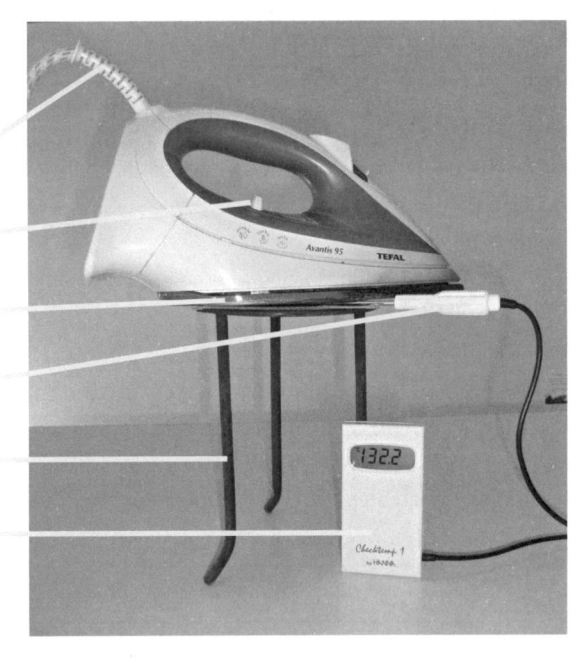

2. Beschreibe zwei Sicherheitsmaßnahmen, die man beim Bügeln beachten muss.
   - ❯ _____
   - ❯ _____

3. Wie funktioniert das Bügeleisen *(TIPP 1)*. Arbeite in deinem Heft.

4. Welche Informationen findest du auf dem Typenschild eines Bügeleisens *(TIPP 2)*.

5. Jetzt geht es los:
   - ❯ Das Bügeleisen einschalten und das erste Programm wählen.
   - ❯ Einige Minuten warten, bis die Temperatur erreicht ist.
   - ❯ Die Temperatur mit einem Kontaktthermometer messen.
   - ❯ Weiter mit dem nächsten Programm …

   Schreibe die Informationen in die Tabelle *(TIPP 3)*.

Symbol	Bedeutung	Temperatur	Welche Stoffe dürfen so gebügelt werden?
⌀			
⌐•			
⌐••			
⌐•••			

Naturwissenschaftsunterricht mit Aha-Effekt

53

Name:

Klasse: Datum:

Das Bügeleisen

KV **21**

AN – AUS – AN – AUS – AN … – Das Bügeleisen

Warum bleibt beim Bügeln die Temperatur fast gleich?

VORBEREITUNG

> Ordne die folgenden Nummern der Bauteile im Foto richtig zu.
> *Bügelsohle* (1)
> *Netzkabel* (2)
> *Bimetall* (3)
> *Heizung* (4)

> Da fehlt doch etwas! Welches Bauteil könnte das sein und welche Aufgabe hat es?
> _____
> _____

> Zeichne in das Raster einen Schaltplan für eine modellhafte Schaltung eines Bügeleisens *(TIPP 4)*.
> Bauteile: *Spannungsquelle (6 Volt), eine Glühlampe, eine Heizung, ein Bimetall und ein Kabel.*

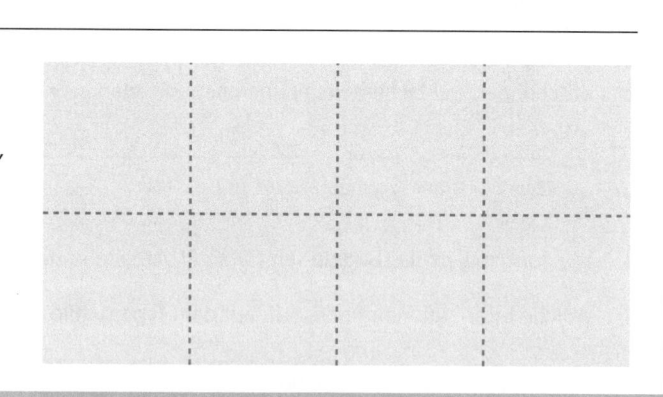

DURCHFÜHRUNG

> Baue die Schaltung auf und erprobe sie. Als Heizung verwendest du eine Glühlampe.

AUSWERTUNG

> Beschreibe die Aufgabe des Bimetalls in einem Bügeleisen.
> _____
> _____

> *Konstrukteur gesucht!* Wie könnte man mit dem Bimetall unterschiedliche Temperaturen einstellen?
> _____
> _____
> _____

Hier kannst du deine Idee skizzieren:

Experimentieren Sie!

Der Kaffee ist fertig!

	Demonstrationsexperiment
Thema	Die Energieeffizienz einer Kaffeemaschine
Materialien	eine funktionierende Kaffeemaschine, ein Schnittbild oder ein Schnittmodell der Kaffeemaschine, Kaffeepulver, ein Papierfilter, ein Messbecher (z. B. 500 ml), ein Thermometer (Kontaktthermometer), eine Stoppuhr, Taschenrechner
Sicherheitshinweis	Bei Schnittmodellen sollte der Netzstecker entfernt sein, damit das Gerät nicht versehentlich an das Netz angeschlossen werden kann.

WORUM GEHT ES – WAS WIRD DEUTLICH?

Die Funktionsweise von Kaffeemaschinen hat sich seit ihrer massenhaften Verbreitung in 1970iger Jahren kaum verändert. Das Wasser fließt abwärts aus einem Wassertank durch einen Schlauch in ein beheizbares Rohr und wird stark erwärmt. Im Wasser entstehen Dampfblasen und der Druck steigt. Das Rückschlagventil wird automatisch geschlossen. Die Dampfblasen drücken das heiße Wasser periodisch aufwärts in den Kaffefilter mit dem Kaffeepulver. Das vom Kaffeepulver aromatisierte Wasser fließt nun als Kaffee in die Kanne, die auf einer Wärmeplatte über der Heizung steht. Der Druck im Heizrohr hat sich während dessen verkleinert und das Rückschlagventil öffnet und lässt Wasser aus dem Wassertank nachströmen. Diese Vorgänge wiederholen sich periodisch, was man auch deutlich während des Betriebes hören und sehen kann. Die Effizienz der Kaffeemaschine hinsichtlich der Energieverwertung kann als Verhältnis (Quotient) aus elektrischer und thermischer Leistung dargestellt werden. Der Wirkungsgrad (η in %) gibt an, wie viel von der aufgewendeten elektrischen Energie tatsächlich für den eigentlichen Zweck, dem warmen Kaffee, in der Maschine genutzt werden kann.

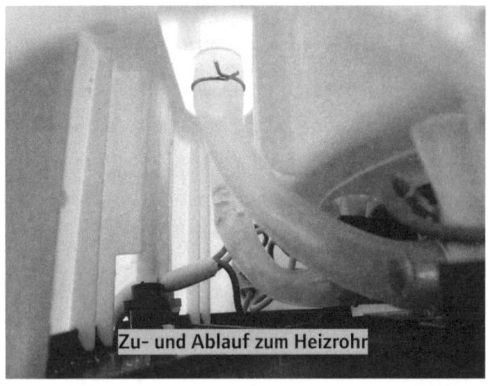

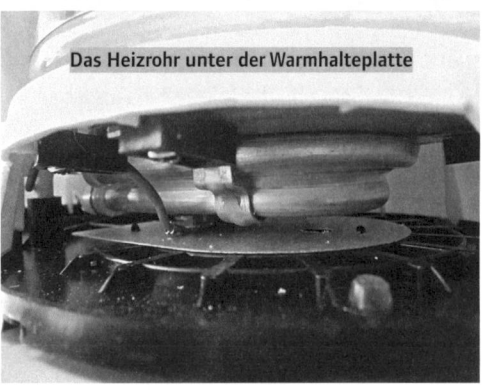

WAS IST ZU TUN?

Als Vorbereitung können die Schüler beispielsweise im heimischen Bereich unter Aufsicht eines Erwachsenen den Vorgang *„Kaffekochen mit einer Kaffeemaschine"* beobachten und möglicherweise im Deutschunterricht als Vorgangsbeschreibung behandeln *(TIPP 1)*. Innerhalb der Vorbereitung, sind die Teile der Maschine (Original, Schnittmodell und/oder Abbildung) zu benennen und ihre Aufgaben zu beschreiben.

Naturwissenschaftsunterricht mit Aha-Effekt

Bestimmen der Energieeffizienz

> Die elektrische Leistung findet sich auf dem Typenschild (KV 22).

> Für die thermische Leistung gilt **näherungsweise**:
> Der Faktor **4** ($Q = c \cdot m \cdot \Delta T = 4{,}186$ kJ $\cdot$ kg/K $\cdot$ 1 kg $\cdot \Delta T \approx 4 \Delta T$) vereinfacht die Berechnung und steht in der Formel für einen Liter Wasser, der ca. acht Tassen Kaffee ergibt. $\quad P = \dfrac{4 \Delta T}{t}$

> Die Differenz aus der gemessenen End- und Anfangstemperatur ergibt die Temperaturdifferenz.

> Das Stoppen der Zeit (t in s) beginnt mit dem Einschalten der Maschine und endet mit den bekannten „röchelnden" Geräuschen der Maschine.

> Mit der elektrischer Leistung ($P_{elektrisch}$ in kW; Typenschild) und der thermischen Leistung ($P_{thermisch}$ in kW; experimentell ermittelt) kann der Wirkungsgrad η so berechnet werden: $\quad \eta = \dfrac{P_{thermisch}}{P_{elektrisch}}$

WIE KANN DIFFERENZIERT WERDEN?

> **NIVEAU 1:** Für die Funktionsweise der Kaffeemaschine kann der *TIPP 1* angefordert werden. Die Energieeffizienz behandeln Sie qualitativ (KV 22 – Variante 1) oder führen die Berechnungen gemeinsam und schrittweise mit den Schülern durch.

> **NIVEAU 2:** Sie bearbeiten die Energieeffizienz quantitativ (KV 23 – Variante 2). Die Schüler führen die Berechnungen zum Wirkungsgrad möglichst selbstständig durch.

TIPPS DER KAFFEE IST FERTIG!

Tipp 1 Wie funktioniert eine Kaffeemaschine (Prinzip)?
Schreibe die folgenden Aussagen in der richtigen Reihenfolge in dein Heft. Die Buchstaben neben den Aussagen ergeben in der richtigen Reihenfolge das Lösungswort. Wie lautet es?

Aussagenchaos nicht sortiert	(Lösungsbuchstaben)
Das heiße Wasser fließt in den Filter.	(S)
Kaffee in die Filtertüte geben.	(A)
Im Heizrohr entstehen Dampfblasen.	(L)
Wasser fließt durch den Schlauch in das Heizrohr.	(P)
Der fertige Kaffee fließt in die Kanne.	(N)
Der Druck im Heizrohr steigt und das Ventil schließt.	(B)
Wasser in den Wassertank füllen.	(D)
Das Wasser wird heiß.	(F)
Die Dampfblasen drücken das heiße Wasser hoch.	(A)
Die Maschine einschalten.	(M)
Das Kaffeepulver wird mit Wasser gebrüht.	(E)

Tipp 2 Informationen auf dem Typenschild der Kaffeemaschine

Hersteller	Entsorgungshinweis	Typenbezeichnung	Spannung in Volt
Prüfzeichen	Frequenz in Hertz	Strichcode	Leistung in Watt

Experimentieren Sie!

Name:
Klasse: Datum:

Der Wirkungsgrad einer Kaffeemaschine
(Variante 1)

KV 22

Der Kaffee ist fertig!

Wie sparsam ist die Kaffemaschine mit der zugeführten Elektrizität?

1. Ordne die folgenden Bauteile richtig zu.
   Schalter
   Filter mit Tüte
   Kanne
   Wassertank
   Heizung

2. Welche Informationen findest du auf dem Typenschild einer Kaffeemaschine *(TIPP 2)*?

3. Der Kaffe ist nun fertig. Bestimme mit Hilfe des Bildes die Angaben in der Tabelle.

Temperatur des Leitungswassers	20 °C
Temperatur des fertigen Kaffees	
Temperaturdifferenz	
Anzahl der Tassen	
Zubereitungszeit in Sekunden	

4. Durch Messungen und Berechnungen hat man festgestellt, dass nur ca. 60 % der Elektrizität für den heißen Kaffee genutzt werden. Wo sind die übrigen 40 % der Elektrizität geblieben?

   _____
   _____

5. Nenne zwei Möglichkeiten, um mehr Elektrizität bei der Kaffeemaschine zu nutzen.

   _____
   _____

Naturwissenschaftsunterricht mit Aha-Effekt

Name:
Klasse: Datum:

Der Wirkungsgrad einer Kaffeemaschine
(Variante 2)

KV 23

Der Kaffee ist fertig!

Bestimme experimentell den Wirkungsgrad einer Kaffemaschine.

VORBEREITUNG

> Wie groß ist die elektrische Leistung der Kaffeemaschine?

$P =$ _____ kW = _____ W (1 kW = 1000 W)

> Ordne die folgenden Nummern der Bauteile im Foto richtig zu.
> *Wassertank* (1), *Filter* (2), *Kanne* (3), *Heizung* (4), *Schalter* (5)

> Vermute, wie groß der Wirkungsgrad einer Kaffeemaschine ist.
> *Tipp:* Wie viel Prozent der zugeführten Elektrizität wird
> für den heißen Kaffee genutzt?

_____

DURCHFÜHRUNG

> Notiert während der Demonstration die folgenden Angaben. Die Zeitmessung beginnt mit dem Einschalten des Gerätes und endet, wenn das gesamte Wasser durchgelaufen ist.

Wassermenge im Wassertank in Liter	
Ausgangstemperatur des Wassers (ϑ_{Anfang} in °C)	
Temperatur des fertigen Kaffees (ϑ_{Ende} in °C)	
Temperaturdifferenz: $\vartheta_{Ende} - \vartheta_{Anfang}$ (ΔT in Kelvin)	
Zubereitungszeit (t in Sekunden)	

AUSWERTUNG

> Berechne mit den Werten aus der Durchführung den Wirkungsgrad (1 = 100 %) der Kaffeemaschine.

Berechne die Wärmeleistung ($P_{thermisch}$ in Watt).	$P_{thermisch} = P = \frac{4 \cdot \Delta T}{t} =$
Wie groß ist die elektrische Leistung ($P_{thermisch}$ in Watt)?	$P_{elektrisch} =$
Berechne den Wirkungsgrad.	$\eta = P_{thermisch} : P_{elektrisch} =$

> Vergleiche das Ergebnis mit deiner Vermutung.

_____

> Warum liegt der Wirkungsgrad weit unter 100 %?

_____

Experimentieren Sie!

RUND UM DIE KARTOFFELKNOLLE

Für die Thematik *„Rund um die Kartoffelknolle"* folgen vielfältige und differenzierte Unterrichtsvorschläge, die naturwissenschaftlich und mathematisch geprägt sind. Beachtung finden dabei allgemeinbildende Dimensionen und weitere fachübergreifende Ansätze. Entsprechend dem Motto dieser Ideensammlung soll der so gestaltete Unterricht aktiv und experimentell geprägt sein, um das Interesse und die Motivation bei den Schülern zu fördern. Die Abfolge der Themen orientiert sich weitgehend am biologischen Rhythmus: Aussaat, Wachstum, Schädlinge, Ernte, Lagerung, Verarbeitung und Nutzung von Kartoffeln.

Eine kleine Kartoffelkunde und -statistik

	Recherche und Schülerexperiment
Thema	Einführung und Überblick zum Thema *„Rund um die Kartoffelknolle"*
Materialien pro Gruppe	eine Packung Kartoffeln (z. B. 2 kg; ca. 19 Kartoffeln), Waage, Smartphone mit Barcode-App, Taschenrechner, Lineal oder Zollstock

WORUM GEHT ES – WAS WIRD DEUTLICH?

Für die nachfolgenden Stunden erarbeiten die Schüler einen informierenden, motivierenden und allgemeinbildenden Überblick zum Komplexthema *„Rund um die Kartoffelknolle"*. Den Schülern wird die Bedeutung von Kartoffeln in vielen unterschiedlichen Lebensbereichen deutlich. Weiterhin wird eine Kartoffelpackung, wie sie die Schüler aus dem Supermarkt kennen, zum Unterrichtsgegenstand und mathematisch-naturwissenschaftlich untersucht.

WAS IST ZU TUN?

Zur Einstimmung bearbeiten die Schüler den Steckbrief und die Aussagen zur Kartoffel (KV 24) in Einzel- oder Partnerarbeit. Für die Recherchen sollten die Schüler das Internet und Nachschlagewerke nutzen. Die Durchführung ist als Wettbewerb in einer vorgegeben Zeitspanne zwischen den Schülergruppen denkbar: *„Wer kennt sich aus? Wer findet die Infos am schnellsten?"*.
Den zweiten Schwerpunkt bildet die Analyse einer Packung Kartoffeln (KV 25), bei der auch das Smartphone mit passender App zum Einsatz kommt. Im Mittelpunkt stehen die physikalische Größe Masse und der Durchschnitt (arithmetisches Mittel). Die Stichprobe (Kartoffelpackung) wird von den Schülern der Größe nach sortiert. *Hinweis:* Hier sind für die Bestimmung des Medians ungerade Stichproben geeignet.
Anschließend wiegen die Schüler die Kartoffeln und bestimmen ausgewählte statistische Größen (KV 26). Die Auswertung mehrerer Kartoffelverpackungen ergibt stets eine ähnliche Verteilung hinsichtlich der Größe bzw. Masse der Kartoffeln. Somit sind Kartoffelpackungen, anders als annähernd gleichgroße Äpfel in einer Packung, bestens für diese statistischen Untersuchungen geeignet.

WIE KANN DIFFERENZIERT WERDEN?

> **NIVEAU 1:** Für die Recherchen zum Steckbrief können die Auswahlwörter *(TIPP 1)* benutzt werden. Für das Experiment kann die Anzahl der Kartoffeln (z. B. auf 13 Stück) reduziert und für die Beschreibung der statistischen Größen kann *TIPP 2* genutzt werden.
> **NIVEAU 2:** Mit den statistischen Angaben und erweitert mit dem unteren und oberen Quartil erstellen die Schüler einen Boxplot für die Massenverteilung der Kartoffelpackung *(TIPP 3)*.
> **ZUSATZ:** Die Schüler werten eine vorgegebene Datenreihe aus und zeichnen einen Boxplot.

Naturwissenschaftsunterricht mit Aha-Effekt

TIPPS UND ZUSATZ

Tipp 1 — Auswahlwörter für den Steckbrief:

300 Millionen Tonnen	70 %	C und B	dunkel und kühl
Tüften oder Nudeln	Pommes frites	Solanum tuberosum	braun, gelb
Nachtschattengewächse	70 bis 80 kcal	von Trüffeln	festkochend
vorwiegend festkochend	Laura	Kartoffelsalat	August, Oktober
Pellkartoffeln	15 bis 20	mehligkochend	Kartoffelchips

Tipp 2 — Einige ausgewählte statistische Größen:
› Alle Werte bilden die **Datenreihe** (Stichprobe).
› Das **Maximum** ist der größte Wert der Datenreihe.
› Das **Minimum** ist der kleinste Wert der Datenreihe.
› Der Median (Zentralwert) liegt genau im Zentrum (in der Mitte) der nach Größe sortierten Datenreihe.
› Für den **Durchschnitt** (arithmetisches Mittel) addierst du alle Werte. Das Ergebnis (die Summe) dividierst du durch die gesamte Anzahl der Daten.

Tipp 3 — Der Boxplot ist ein Kastendiagramm zur Darstellung der Verteilung von Daten.

› Lies aus dem Boxplot ab:

Minimum: _____

Maximum: _____

Median: _____

unteres Quartil: _____

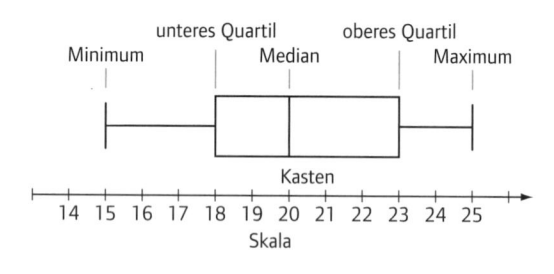

oberes Quartil: _____

› Was könnte von den Schülern deiner Klasse im Boxplot dargestellt sein?

(A) Gewicht in kg   **(B)** Taschengeld in €   **(C)** Größe in dm   **(D)** Alter in Jahren

Zusatz — Statistische Größen bestimmen und einen Boxplot zeichnen. Arbeite in deinem Heft.

Kartoffelgewichte: 145 g, 128 g, 123 g, 102 g, 88 g, 75 g, 67 g, 65 g, 65 g, 62 g, 56 g, 55 g, 47 g

› Bestimme die statistischen Größen *(TIPP 2)* aus dem Foto.
› Zeichne einen Boxplot passend zur Datenverteilung.
Hinweise: Das untere Quartil ist der Median (die Mitte) der unteren 7 Kartoffeln.
Das obere Quartil ist der Median (die Mitte) der oberen 7 Kartoffeln.
› Berechne den Durchschnitt.

Name:
Klasse: Datum:
Rund um die Kartoffelknolle

KV 24

Rund um die Kartoffelknolle

1 Steckbrief: Ergänze die Angaben *(TIPP 1)*.

› lateinischer Name: _____

› Familie (botanisch) _____

› Wassergehalt: _____ Farbe: _____

› Vitamine: _____ Kartoffelsorte: _____

› weltweite Jahresproduktion: _____

› Lagerbedingungen: _____

› Energiegehalt (100 g; frisch) _____ Wortherkunft – Kartoffeln: _____

› regionale Bezeichnungen: _____

› Kochsorten (1): _____

(2): _____ (3): _____

› Speisen/Zubereitungsformen: _____

› Erntezeitraum für Spätkartoffeln: _____ Anzahl (durchschnittlich) der Tochterknollen: _____

2 **WAHR** oder **FALSCH**: Suche die falschen Aussagen heraus und berichtige sie.

› Klöße sind aus festkochenden Kartoffeln. _____

› Kartoffeln haben Augen. _____

› Mehligkochende Kartoffeln erkennt man am grünen Farbcode. _____

› Kartoffeln sind botanisch mit den Tomaten verwandt. _____

› Kartoffeln (gekeimt, grün, roh) sind giftig. _____

› Äpfel enthalten mehr Vitamin C als frische Kartoffeln. _____

› In China werden kaum Kartoffeln angebaut. _____

› Winterferien hießen früher Kartoffelferien. _____

› Die dümmsten Bauern ernten die größten Kartoffeln. _____

› Kartoffeln enthalten viel Fett und Stärke. _____

› Kartoffelstärke, Aroma und Milch ergeben Pudding. _____

› Die Früchte der Kartoffeln heißen Beeren. _____

› Der Maikäfer frisst gerne die Kartoffelblätter. _____

› In manchen Ländern werden Kartoffeln mit Radioaktivität konserviert. _____

› Kartoffelchips (100 g) haben eine Energie von über 500 kcal. _____

› Aus Kartoffeln kann man Leim, Papier und Folien herstellen. _____

Naturwissenschaftsunterricht mit Aha-Effekt

Name:		Produktrecherche	KV 25
Klasse:	Datum:		

Eine ganze Packung Kartoffeln

> Schreibe die folgenden Informationen passend zur Abbildung in die richtigen Kästchen. Notiere dazu Stichpunkte, warum die Angaben für den Käufer („Verbraucher") notwendig sind.

das Ursprungsland Ägypten	der Barcode	die Masse (das Gewicht)
die Jahreszeit	die „durchsichtige" Verpackung	die Kochsorte
die Kartoffelsorte	die Eignung für Speisen	

> Scanne den Barcode mit einem Smartphone (z. B. App barcoo). Notiere wichtige Informationen zu den verwendeten Kartoffeln.

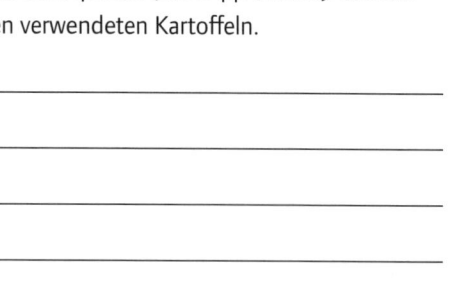

_____
_____
_____
_____

62   Experimentieren Sie!

Name: Klasse: Datum: Die Kartoffel-Stichprobe   **KV 26**

Die „durchschnittliche" Kartoffel

	Masse
Summe	

VORBEREITUNG

› Nenne zwei weitere Beispiele für die Angabe des Durchschnitts.
  (1) Ein männlicher Erwachsener wiegt im Durchschnitt 75 kg.
  (2) _____
  (3) _____

› Entscheide und begründe, ob die durchschnittliche Masse der Kartoffeln einer Packung mit 19 Kartoffeln richtig oder falsch berechnet wird:

  A: Davis: *Auf der Packung steht 2 kg. Den Wert teile ich durch 19.*
  _____

  B: Tina: *Ich wiege alle Kartoffeln und dividiere das Ergebnis durch die Anzahl der Kartoffeln.*
  _____

  C: Natalie: *Ich wiege jede Kartoffel einzeln und bilde die Summe. Dann berechne ich den Quotienten aus der Summe und 19.*
  _____

DURCHFÜHRUNG

› Lege die Kartoffeln der Größe nach sortiert in einer Reihe auf den Tisch.
› Miss die Masse jeder einzelnen Kartoffel mit einer Waage und schreibe die Messwerte auch in die Tabelle.

AUSWERTUNG

› Markiere mit einem Textmarker: den Median (Zentralwert) rot, das Maximum und das Minimum grün.
› Addiere die Messwerte. Schreibe die Summe unten in die Tabelle.
› Berechne den Durchschnitt (arithmetisches Mittel) der Messwerte.
  _____
  _____

› Vergleiche die Ergebnisse mit den Ergebnissen der anderen Gruppen.
› **Für Profis:** Zeichne für die Verteilung einen Boxplot *(TIPP 3)* in dein Heft.

Naturwissenschaftsunterricht mit Aha-Effekt

Vom Pflanzen bis zum Ernten – Der Kartoffelanbau

Projekt (Schulgarten oder sonniger Ort im Unterrichtsraum)	
Thema	Kartoffelanbau: Keimung, Wachstum, Schädlinge, Katastrophen und Ernte
Materialien	Keimung und Wachstum: Kartoffeln (möglichst vorgekeimt), Erde (z. B. Blumenerde), Thermometer, Lineal

WORUM GEHT ES – WAS WIRD DEUTLICH?

Kartoffeln werden im Frühling ca. 10 cm tief mit den schon vorhandenen kleinen Keimlingen nach oben in den Boden gelegt (bzw. gesetzt). Ab einer Bodentemperatur von 9 °C erfolgt das Wachstum der Pflanzen und nach etwa 10 Tagen durchbrechen sie den Boden. Etwa drei Monate nach dem Pflanzen legen sie ihre natürliche Ruhepause ein und ihr Kraut verfärbt sich erst gelb, dann braun und verdorrt schließlich. Jetzt ist der Zeitpunkt der Ernte gekommen. Dazu werden die Knollen ausgegraben und von den Sprossen des Krauts gelöst.

Kartoffeln gedeihen auf sandigen und auch auf lehmigen Böden und benötigen relativ wenig Wasser. Große Anbaugebiete in Deutschland liegen beispielsweise in Vorpommern und Brandenburg. Hier hat bereits im 17. Jahrhundert der Alte Fritz (Friedrich II; König von Preußen) den Kartoffelanbau verfügt *(Kartoffelbefehl)*, um eine ausreichende Ernährung der teilweise armen und hungernden Bevölkerung zu gewährleisten. Sein Ausspruch *„Der Koch in Preußen bin ich!"* ist legendär.

Eine besondere Bedrohung der Kartoffelpflanzen stellt der in den 1930-iger Jahren auch in Deutschland eingeschleppte Kartoffelkäfer mit seinen Larven dar. Für die Große Hungersnot in Irland (ab 1840) war aber nicht der gefräßige Colorado-Käfer (nach seiner Heimat Colorado in Nordamerika benannt) verantwortlich, sondern eine durch extreme Wetterbedingungen ausgelöste Kartoffelfäule. Durch diese Katastrophe verhungerten viele Menschen in Irland, weil die Kartoffel ihre Hauptnahrungsquelle war. In den folgenden Jahren kam es in Irland zu einer großen Auswanderungswelle.

WAS IST ZU TUN?

Für das Wachstum der Kartoffeln führen Sie ein Langzeitexperiment durch. Das Experiment kann im Frühjahr im Freien (z. B. Schulgarten) oder ganzjährig in einem geeigneten Unterrichtsraum (in Töpfen) durchgeführt werden. Die Schüler pflanzen die vorgekeimten Kartoffeln, warten bis die Pflanzen den Boden durchbrochen haben und messen ab diesem Zeitpunkt regelmäßig (z. B. nach jeweils 3 Tagen) die Bodentemperatur (in einer Tiefe von ca. 10 cm) und die Höhe der Kartoffelpflanze. Die Pflege, das Gießen und die Betreuung erfolgen durch interessierte Schüler. Die Messungen sollte jeder Schüler möglichst selbst oder in Partnerarbeit vornehmen. Dabei können die Ergebnisse z. B. in einem Protokoll (KV 27) festgehalten werden. Für die Auswertung des Langzeitexperimentes bietet sich ein Lernplakat in Verbindung mit einer Präsentation an.

WIE KANN DIFFERENZIERT WERDEN?

> **NIVEAU 1:** Die Messungen der Temperatur und der Pflanzenhöhe können die Schüler in Partnerarbeit durchführen.

> **NIVEAU 2:** Als Ergänzung und zur Förderung des Allgemeinwissens recherchieren die Schüler Informationen über den Kartoffelkäfer (KV 28) und die *Große Hungersnot in Irland* (KV 29) z. B. mit Hilfe des Internets.

> **ZUSATZ:** Informiere dich über den *Kartoffelbefehl* in Preußen.

Name:		Kartoffelanbau	KV 27
Klasse:	Datum:		

Baut eure eigenen Kartoffeln an!

VORBEREITUNG

> Recherchiert, was man beim Anbau von Kartoffeln beachten muss.
> Entscheidet, ob ihr ein Freilandexperiment (im Garten) oder ein Laborexperiment (mit Blumentöpfen im Unterrichtsraum) durchführen wollt.
> Überlegt euch, welche Materialien ihr für das Experiment benötigt.
> Plant genau, wer welche Aufgaben (Gießen, Messen …) übernehmen soll.

DURCHFÜHRUNG

> Pflanzt die Kartoffeln (ca. 10 cm tief) und gießt sie etwas an.
> Haltet den Boden feucht.
> Messt in Abständen von 3 Tagen die **Temperatur des Bodens** und **die Höhe der Kartoffelpflanze**.
> Beginnt die Messungen, wenn die Kartoffelpflanze den Boden durchbrochen hat (Tag 0).

Zeit in Tagen	0	3	6	9	12	15	18	21	24	27	30	33	36
Boden Temperatur in °C													
Kartoffelpflanze Höhe in cm													

AUSWERTUNG

> Zeichnet das Pflanzenhöhe-Zeit-Diagramm und wertet es aus. Arbeitet in euren Heften.
> Fasst eure Ergebnisse und Erfahrungen auf einem Lernplakat zusammen und präsentiert sie.

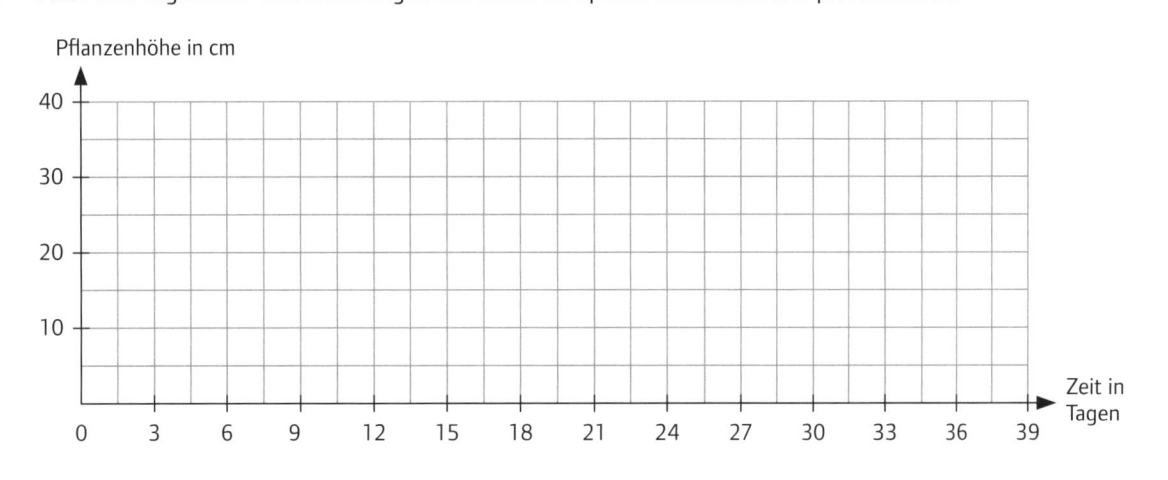

Naturwissenschaftsunterricht mit Aha-Effekt

Name:
Klasse: Datum:
Der Kartoffelkäfer

KV 28

Ein gefräßiger Käfer

1 Vervollständige den Steckbrief über den Kartoffelkäfer.

> Wissenschaftlicher Name: _____
> Länge, Masse (Gewicht): _____
> Nahrung: _____
> Familie: _____
>   Ordnung: _____
> Vorkommen auf der Erde: _____
> Besonderheiten: _____
_____

2 Beschreibe, wie der Kartoffelkäfer nach Deutschland gelangt sein könnte.

_____
_____
_____

3 Begünde, ob diese Aussagen wahr oder falsch sind. Arbeite in deinem Heft.
Hinweis: Im Internet findest du interessante Informationen über den gefräßigen Käfer.

(1) Wir gehören zu den Insekten und sind Blattkäfer!

(2) Vögel haben uns zum Fressen gerne!

(3) Unsere Weibchen legen viele Eier oberhalb der Blätter ab!

(4) Am liebsten fressen unsere Larven die Pflanzenblätter von Kartoffeln, Tomaten, Erdbeeren und Tabak.

(5) Wir haben acht Beine!

(6) Wir haben elektrische Organe an den Fühlern!

(7) Unsere eigentliche Heimat ist Australien! Ab 1935 leben wir in Deutschland!

(8) Wir können bis zu zehn Jahre alt werden!

(9) Wir heißen auch Decemlineata, weil jeder von uns 10 schwarze Streifen auf dem Rücken hat!

(10) Man nennt uns auch Coloradokäfer!

(11) Wir überwintern im Boden!

Experimentieren Sie!

Name:
Klasse: Datum:

Die Kartoffelkatastrophe

KV **29**

Die große Hungersnot in Irland

Recherchiere im Internet:

> Wann ereignete sich die große Hungersnot in Irland?
> _____

> Welche Ursachen hatte diese Katastrophe?
> _____
> _____
> _____

> Welche Auswirkungen hatte die Hungersnot auf die armen Menschen?
> _____
> _____
> _____

> Wie viele Menschen sind schätzungsweise in Folge der Hungersnot in Irland gestorben?
> _____

> Wie konnten sich viele Menschen vor dem sicheren Tod retten?
> _____

> Vergleiche die Entwicklung der Einwohnerzahlen in Irland mit denen im restlichen Europa (Diagramm unten) vor und nach der Katastrophe.
> _____
> _____
> _____

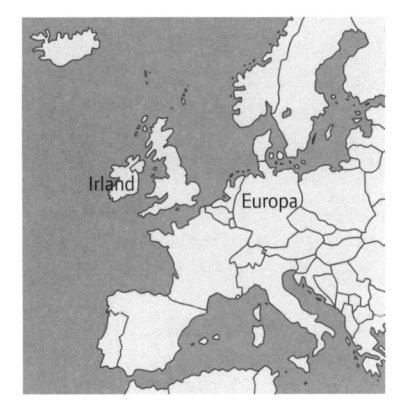

Entwicklung der Einwohnerzahlen

Naturwissenschaftsunterricht mit Aha-Effekt

Bestehen Kartoffeln hauptsächlich aus Wasser?

	Demonstration und Schülerexperiment
Thema	Die physikalische Größe *Dichte* einer Kartoffel bestimmen
Materialien für Demonstration und pro Gruppe	Kartoffeln, ein unregelmäßiger Körper (z. B. Stein), eine Waage, ein Überlaufgefäß, ein Messbecher, Taschenrechner

WORUM GEHT ES – WAS WIRD DEUTLICH?

Die physikalische Größe *Dichte* (ϱ) kennzeichnet den Stoff, aus dem ein Körper besteht. Die Dichte eines unregelmäßig geformten Körpers (z. B. einer Kartoffel) kann man so bestimmen:

> Den Körper mit einer Waage wiegen (m in g).
> Das Volumen des Körpers z. B. mit der Überlaufmethode bestimmen (V in cm^3 → 1 ml = 1 cm^3).
> Den Quotienten aus Masse und Volumen bilden. Das Ergebnis ist die Dichte (ϱ in g/cm^3).

Da frische Kartoffeln zu ca. 70 % aus Wasser bestehen und im Wasser nicht schwimmen, sollte ihre Dichte etwas über 1 g/cm^3 sein.

WAS IST ZU TUN?

Die Schüler kennen die physikalischen Größen *Masse* und *Volumen*. Sie können die Masse und das Volumen von regelmäßig und unregelmäßig geformten Körpern bestimmen.

Als Einstieg könnte (NIVEAU 1) gemeinsam die Dichte von Wasser und die Dichte eines unregelmäßig geformten Körpers (z. B. ein Stein) bestimmt werden. Anschließend (oder in der folgenden Stunde) bestimmen die Schüler experimentell in Partnerarbeit die Dichte von Kartoffeln (KV 31) und stellen einen Zusammenhang zur Dichte von Wasser her. Die Problemfrage könnte lauten: *„Bestehen Kartoffeln fast nur aus Wasser?"*. Die Bestimmung der Dichte ergibt für die verwendeten (unterschiedlich großen) Kartoffeln ungefähr gleiche Werte von $\varrho \approx 1{,}02$ g/cm^3. Somit ist die Dichte von Kartoffeln etwas größer als die Dichte von Wasser, was ein Indiz für den hohen Wasseranteil darstellt und das Sinken (Untertauchen) im Wasser erklärt. Der Comic (KV 30) kann situationsabhängig als Vorbereitung, Tipp, Zusammenfassung oder zur Leistungsüberprüfung zum Einsatz kommen.

WIE KANN DIFFERENZIERT WERDEN?

> **NIVEAU 1:** Das Experiment wird entsprechend dem Comic durchgeführt. Weiterhin können die Schüler Schlüsselwörter für die Bearbeitung des Comics *(TIPP)* nutzen.
> **NIVEAU 2:** Die Untersuchungen erfolgen für mehrere, unterschiedlich große Kartoffeln.
> **ZUSATZ:** Die Schüler bestimmen die Dichte für weitere Körper aus unterschiedlichen Materialien (Stoffen) und recherchieren z. B. im Lehrbuch, in einem Tafelwerk oder mit einem Smartphone (+ Tafelwerk-App), um welche Stoffe es sich handeln könnte.

TIPP SCHLÜSSELWÖRTER FÜR DEN COMIC

wie schwer	etwas größer als 1 g/cm^3	den Stoff
Waage	Becherglas und Überlaufgefäß	90 g (Gramm)
$\approx 1{,}02 \, g/cm^3$	ca. 88 cm^3	wie viel Raum

Name:

Klasse: Datum:

Die Dichte von Kartoffeln

KV 30

Bestehen Kartoffeln hauptsächlich aus Wasser?

Schreibe zu jedem Bild einen passenden Text, beantworte die Fragen und ergänze die Aussagen.

70 % Wasser?

Frische Kartoffeln bestehen also fast nur aus Wasser. Wie groß müsste dann ihre Dichte sein?

Was kennzeichnet die Dichte?

Was gibt die Masse an?

Womit kann man die Masse messen?

Wie schwer ist die Kartoffel?

Das Volumen beträgt ... cm^3.

Was benötigst du, um das Volumen mit der Überlaufmethode zu messen?

Was gibt das Volumen an?

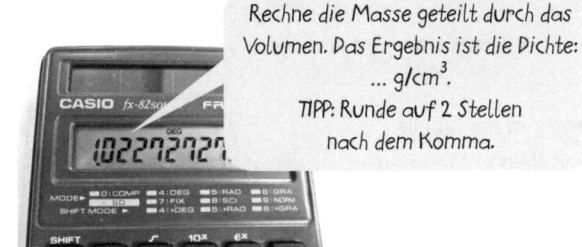

Rechne die Masse geteilt durch das Volumen. Das Ergebnis ist die Dichte: ... g/cm^3.
TIPP: Runde auf 2 Stellen nach dem Komma.

Bestehen Kartoffeln hauptsächlich aus Wasser?

Naturwissenschaftsunterricht mit Aha-Effekt

Bestimme die Dichte von Kartoffeln

VORBEREITUNG

› Ordne richtig zu: *Masse, Dichte, V, ϱ, Gramm (g), cm³, Waage, ϱ = m : V, Volumen, m, Messzylinder, g/cm³*.

Stichwort	schwer	Raum	Stoff
physikalische Größe			
Formelzeichen			
Einheit			
Messgerät/Formel			

› Wie groß müsste die Dichte von Kartoffeln ungefähr sein, wenn sie hauptsächlich aus Wasser bestehen? Begründe deine Vermutung.

_____

_____

DURCHFÜHRUNG

› Skizziere die Kartoffeln und bestimme ihre Masse (Waage) und ihr Volumen (Überlaufmethode).

Skizze der Kartoffel	Masse	Volumen	Dichte

AUSWERTUNG

› Berechne die Dichte der Kartoffeln und schreibe die Ergebnisse in die Tabelle.
› Bestehen Kartoffeln hauptsächlich aus Wasser? Begründe mit deinen Messwerten.

_____

_____

Experimentieren Sie!

Die Garzeit von Kartoffeln

	Demonstration mit verteilten Aufgaben
Thema	Die ungefähre Garzeit von Kartoffeln im siedenden Wasser bestimmen
Materialien	eine Heizplatte (1500W), ein Kochtopf mit Glasdeckel, ein Kontaktthermometer, ca. 10 kleinere Kartoffeln, eine Küchenzange zum Entnehmen der Kartoffeln, ein Messer zum Durchschneiden der Kartoffeln, Stoppuhr oder Smartphone
Gefahrenhinweis	Es besteht Verbrennungsgefahr an der Heizplatte und die Gefahr des Verbrühens durch das siedende Wasser. Nach der Geschmacksprüfung sollten die Kartoffeln in ein geeignetes Gefäß gespuckt werden.

WORUM GEHT ES – WAS WIRD DEUTLICH?

Rohe Kartoffeln (insbesondere grüne und die Triebe gekeimter Knollen) enthalten das für Nachtschattengewächse typische Gift Solanin (schwach giftige chemische Verbindung). Frühkartoffeln enthalten besonders viel Solanin. Im Durchschnitt liegt der Solaningehalt bei heutigen Kartoffelsorten bei 3 bis 7 mg pro 100 Gramm. Kleine grüne Kartoffeln erreichen über 50 mg. Direkt unter der Schale frischer Kartoffeln ist der Gehalt an Solanin am größten. Vergiftungserscheinungen treten bei Erwachsenen erst ab 200 mg auf. Durch das Garen (z. B. in siedendem Wasser) gehen die Gifte in das Kochwasser über, weil Solanin bei hohen Temperaturen wasserlöslich ist. Deshalb sollte das Kartoffelwasser nicht weiter verwendet werden. Weiterhin werden durch das Garen eine weiche Konsistenz, eine bessere Verdaulichkeit und ein angenehmerer Geschmack erzielt. Beim „Kochen" von Kartoffeln mit der Schale spricht man von Pellkartoffeln. Beim Erwärmen der Kartoffeln steigt die Temperatur des Wassers bis zum Sieden, dann bleibt sie konstant.

WAS IST ZU TUN?

Bei diesem Demonstrationsexperiment ordnen Sie jedem Schüler konkrete Aufgaben zu (die Aufgabenkarten bitte vergrößern) oder Sie verlosen die Aufgaben. Vor dem Experiment sollte jeder Schüler seine konkreten Aufgaben nennen. Nach dem Messen der Ausgangstemperatur des Kartoffelwassers beginnt die Demonstration mit einem Signal. Die zehn kleinen Kartoffeln werden in einem mit Wasser gefülltem Topf zum Sieden gebracht. Während des Erwärmens und Siedens messen die Schüler ständig die Zeit und die Temperatur. Die Wärmezufuhr erfolgt gleichmäßig mit einer leistungsstarken Heizplatte. Die Schüler messen jeweils nach drei Minuten die Wassertemperatur und schreiben die Werte in eine Wertetabelle. Nach jeweils drei Minuten Kochzeit entnehmen die Schüler vorsichtig eine Kartoffel mit einer Küchenzange. Nachdem alle Kartoffeln entnommen und abgekühlt sind, erfolgt die sensorische Untersuchung der durchgeschnittenen Kartoffeln. Dazu prüfen die Schüler Geruch, Aussehen, Konsistenz und Geschmack (*TIPPS 1* und *2*).

Die gemessenen Temperaturen und die Ergebnisse der sensorischen Kontrolle sind deutlich sichtbar, z. B. auf dem Smartboard, festzuhalten (hier können Sie die Werte für die nachfolgende Stunden direkt abspeichern). Innerhalb der Auswertung sichern alle Schüler die Messwerte (z. B. vom Smartboard), zeichnen das Temperatur-Zeit-Diagramm und notieren wichtige Ergebnisse der sensorischen Prüfung (KV 32).

Naturwissenschaftsunterricht mit Aha-Effekt

WIE KANN DIFFERENZIERT WERDEN?

› **NIVEAU 1:** Die *TIPPS 1* und *2* helfen den Schülern, das Beobachtungsprotokoll mit vorgegeben Auswahlwörtern zu führen. Die sensorische Beurteilung kann durch Verwendung von Schulnoten, die sich am zu erreichenden Sollzustand orientieren, erleichtert werden. Für das Zeichnen des Temperatur-Zeit-Diagramms steht der *TIPP 1* des folgenden Themas (Seite 76) zur Verfügung.

› **NIVEAU 2:** Die Schüler suchen, formulieren und begründen weitere Möglichkeiten für die Verkürzung der Garzeit bei der Zubereitung von Kartoffeln und schließen auf energieeffiziente Zusammenhänge, die im folgenden Experiment (ab Seite 75) vertieft werden.

› **ZUSATZ:** Das Experiment wird analog mit geschälten und zerkleinerten Kartoffeln wiederholt. Die Messergebnisse vergleichen die Schüler anschließend mit denen der Pellkartoffeln. Sie beschreiben und erklären die auftretenden Unterschiede und ziehen daraus Schlussfolgerungen (Deutungen): Die Garzeit wird sich bei geschälten Kartoffeln unter sonst identischen Bedingungen verkürzen.

TIPPS DIE GARZEIT VON KARTOFFELN

Tipp 1 Beobachtungsprotokoll

Beschreibe nach der Entnahme und dem Abkühlen der Kartoffeln ihre sensorischen (auf die Sinne bezogenen) Eigenschaften.

Zeit	Aussehen	Festigkeit	Geruch	Geschmack
3 min				
6 min				
9 min				
12 min				
15 min				
18 min				
21 min				
24 min				
27 min				
30 min				

Tipp 2 So erkennst du leckere gare Kartoffeln

› Sie lassen sich leicht pellen.
› Sie sehen innen gelblich aus.
› Sie scheinen im Licht matt, leicht glänzend.
› Sie sind locker und verklumpen nicht beim Kauen.
› Sie riechen angenehm leicht nach Nüssen.
› Sie schmecken (je nach Sorte) nussig, mehlig, frisch.
› Ihr Nachgeschmack ist leicht fruchtig und süß.

AUFGABEN   DIE GARZEIT VON KARTOFFELN

1 Zeit (ein Schüler)
> Du überwachst die Zeit.
> Nach jeweils 3 Minuten gibst du ein Signal.

Material: Stoppuhr, Glocke

2 Temperatur (ein bis zwei Schüler)
> Du misst bei jedem Signal die Temperatur.
> Sag die Temperatur für das Messprotokoll laut an.

Material: Thermometer (z. B. Kontaktthermometer)

3 Sicherheit (ein Schüler)
> Du überwachst die Sicherheit.
>> Die Heizplatte nicht berühren.
>> Die heißen Kartoffeln mit der Zange anfassen.
>> Die Kartoffeln abkühlen lassen.
>> Vorsichtig mit dem Messer schneiden.
>> Kleine Kartoffelproben kosten und wieder ausspucken.

Material: Sicherheitsprotokoll

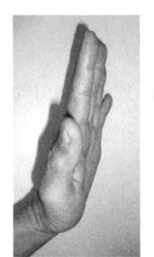

4 Messprotokoll (ein Schüler)
> Du schreibst die angesagten Temperaturen in eine Tabelle (Messwertetabelle).

Material: Messwertetabelle (z. B. an der Tafel, am Smartboard oder am Flipchart)

5 Beobachter (zwei bis drei Schüler)
> Du führst das Beobachtungsprotokoll.
> Schreibe die Beobachtungen (Sehen, Hören, Riechen) mit der Beobachtungszeit in das Protokoll (Tabelle).

Material: Beobachtungsprotokoll (z. B. an der Tafel, am Smartboard oder am Flipchart)

6 Energie (ein bis zwei Schüler)
> Du kontrollierst den Umgang mit Energie.
>> Sind die Kartoffeln knapp mit Wasser bedeckt?
>> Passt der Topf genau auf die Kochplatte?
>> Ist ein Deckel auf dem Topf?
>> Wird die Kochplatte rechtzeitig ausgeschaltet?
> Schreibe deine Beobachtungen auf.

Material: Energieprotokoll

7 Kartoffelentnahme (ein Schüler)
> Du entnimmst bei jedem Signal (nach 3 Minuten) eine Kartoffel aus dem Topf.
> Lege die Kartoffeln vorsichtig auf Küchenpapier ab. Sortiere sie nach der Zeit.

Material: Küchenzange, Küchenpapier, Kärtchen

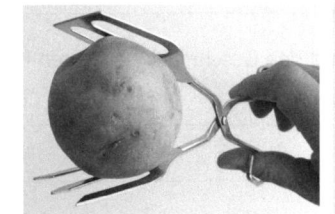

8 Vorkoster (fünf bis zehn Schüler)
> Ihr begutachtet die gekochten Kartoffeln.
>> Wie sehen sie aus (Farbe)?
>> Wie fest oder weich sind sie (Konsistenz)?
>> Wie riechen sie (Geruch)?
>> Wie schmecken sie (Geschmack)?

Material: die gekochten und abgekühlten Kartoffeln, Verkostungsprotokoll

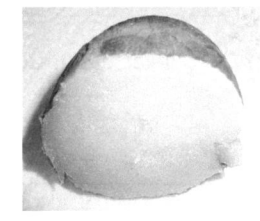

Naturwissenschaftsunterricht mit Aha-Effekt

Name: Klasse: Datum: Garzeit von Kartoffeln bestimmen (I)

KV 32

Heute gibt es Pellkartoffeln!

Wie lange müssen Kartoffeln „kochen" bis sie gar sind?

VORBEREITUNG

> Warum müssen Kartoffeln vor dem Verzehr gekocht werden?
_____

> Vermute, wie lange Kartoffeln kochen müssen bis sie gar sind.
_____

> Nenne eine Möglichkeit, um die Garzeit zu verkürzen.
_____

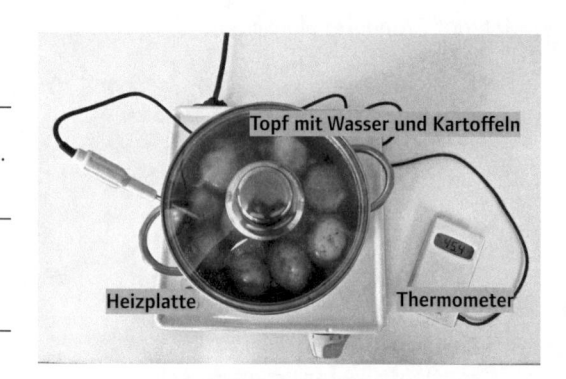

Topf mit Wasser und Kartoffeln
Heizplatte
Thermometer

DURCHFÜHRUNG

> In Abständen von 3 Minuten habt ihr die Temperatur des Wassers gemessen. Trage die Werte ein.

Zeit in Minuten	0	3	6	9	12	15	18	21	24	27	30
Temperatur in °C											

AUSWERTUNG

> Zeichne das Temperatur-Zeit-Diagramm *(TIPP 1)* für die Wassertemperatur.
> Kennzeichne im Diagramm den Beginn des Siedens.
> Gib die Siedetemperatur an.

_____

> Beschreibe den Temperaturverlauf während des Siedens.

_____

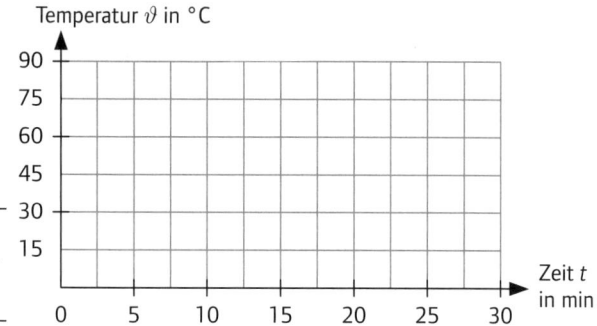

Temperatur ϑ in °C

Zeit t in min

> Wie lange müssen Kartoffeln ungefähr im siedenden Wasser kochen bis sie gar sind?
_____

> Beschreibe das Aussehen, den Geruch, die Festigkeit und den Geschmack von garen Kartoffeln.
_____
_____
_____

Experimentieren Sie!

Die Garzeit im Temperatur-Zeit-Diagramm

	Schülerexperiment
Thema	Mit dem Temperatur-Zeit-Diagramm die Garzeit einer Kartoffel im siedenden Wasser bestimmen
Materialien pro Gruppe	eine Heizplatte, ein Becherglas (500 ml), ein passender Deckel mit zwei Öffnungen für die Thermometer (z. B. ein Kontaktthermometer und ein Flüssigkeitsthermometer), eine mittelgroße Kartoffel, Stoppuhr/Smartphone
Gefahrenhinweis	Es besteht Verbrennungsgefahr an den Heizplatten und die Gefahr des Verbrühens durch das siedende Wasser.

WORUM GEHT ES – WAS WIRD DEUTLICH?

In einem Experiment wird eine Kartoffel, die in einem mit Wasser gefülltem Becherglas liegt, erwärmt. Die Wärmezufuhr erfolgt gleichmäßig mit einer Heizplatte. Die Schüler messen jeweils nach drei Minuten die Wassertemperatur und die Innentemperatur (Kerntemperatur) der Kartoffel (Wertetabelle). Im Temperatur-Zeit-Diagramm zeichnen die Schüler die beiden Graphen ein. Die Innentemperatur der Kartoffel ändert sich langsamer als die des Wassers. Erreicht die Innentemperatur der Kartoffel die Siedetemperatur des Wassers (ca. 95 °C) schneiden sich die beiden Graphen. Auf der x-Achse lesen die Schüler für den Schnittpunkt die exakte Garzeit ab. Wenn nämlich die Innentemperatur der Kartoffel gleich der Siedetemperatur des Wassers ist, dann ist die Kartoffel gar und zum Verzehr geeignet. Guten Appetit!

WAS IST ZU TUN?

Weisen Sie unbedingt zu Beginn auf die Gefahren durch Verbrennungen an der Heizplatte und am erwärmten Becherglas hin. Messen Sie gemeinsam mit den Schülern die Ausgangstemperaturen (des Wassers und in der Kartoffel). An dieser Stelle können Sie wichtige Regeln für das Messen der Temperatur wiederholen:

> Halte das Thermometer auf halber Höhe im Glas.
> Nimm das Thermometer nicht aus der Flüssigkeit.
> Lies die Werte vom Thermometer in gerade Sicht ab.
> Rühre (wenn möglich) vorsichtig um.

Geben Sie ein Signal für das gemeinsame und vorsichtige Aufstellen der Bechergläser auf die Heizplatten. Fortlaufend nach jeweils drei Minuten lesen die Schüler die Temperaturen ab und tragen die Werte in die Wertetabelle (KV 33) ein.

Die Messungen enden, wenn die Innentemperatur der Kartoffel (Kerntemperatur) die Siedetemperatur des Wassers erreicht hat.

TIPPS FÜR EINE VERKÜRZTE EXPERIMENTIERZEIT

> einen Deckel mit zwei kleinen Öffnungen für die beiden Thermometer verwenden
> kleine Kartoffeln verwenden
> die Kartoffeln gerade so mit Wasser bedecken
> leistungsstärkere Heizplatten einsetzen

In der Auswertung zeichnen die Schüler die beiden Graphen in das Koordinatensystem (TIPP 1) und ermitteln die Garzeit aus dem Temperatur-Zeit-Diagramm. Abschließend prüfen Sie gemeinsam mit den Schülern den Garzustand der Kartoffeln und formulieren das Ergebnis. Die Verkostung bildet ein sinnliches Aha-Erlebnis.

Naturwissenschaftsunterricht mit Aha-Effekt

WIE KANN DIFFERENZIERT WERDEN?

> **NIVEAU 1:** Die Zeitpunkte für das Messen der Temperaturen geben Sie zentral mit einem Signal an. Für das Zeichnen des Temperatur-Zeit-Diagramms kann *TIPP 1* genutzt werden.
> **NIVEAU 2:** Die Schüler führen parallel zu den Messungen ein Beobachtungsprotokoll *(TIPP 2)*.
> **ZUSATZ:** Die Schüler nehmen nach dem Experiment die Abkühlungskurve (ZUSATZ) für das Wasser auf (Wertetabelle und Temperatur-Zeit-Diagramm).

TIPPS UND ZUSATZ GARZEIT VON KARTOFFELN IM TEMPERATUR-ZEIT-DIAGRAMM

Tipp 1 — **Temperatur-Zeit-Diagramm:**
> Trage die Koordinaten der Messwertpaare $P(x|y)$ in das Koordinatensystem ein.
> Verbinde die Punkte.
> Schneide das fertige Diagramm aus und klebe es auf dein Protokoll.

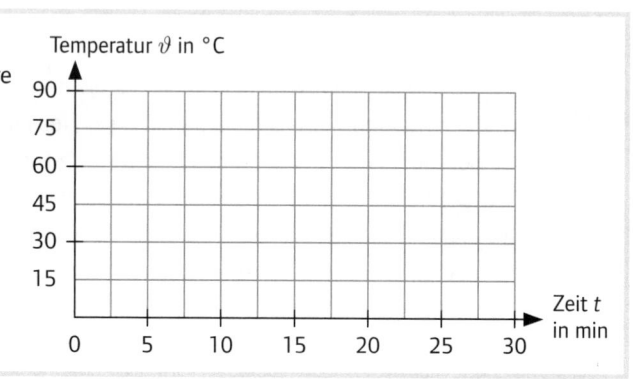

Tipp 2 — **Beobachtungsprotokoll:**

Zeit	Beobachtung

Zusatz — **Abkühlungskurve von Wasser:**
> Miss jeweils nach 3 Minuten die Temperatur des Wassers und die Innentemperatur der Kartoffel. Schreibe die Messwerte in eine Tabelle.
> Arbeite in deinem Heft.
> Zeichne das Temperatur-Zeit-Diagramm *(TIPP 1)* für die Wassertemperatur (blau) und die Innentemperatur der Kartoffel (rot).
> Vergleiche den Graphen für die Abkühlung mit dem Graphen für die Erwärmung.

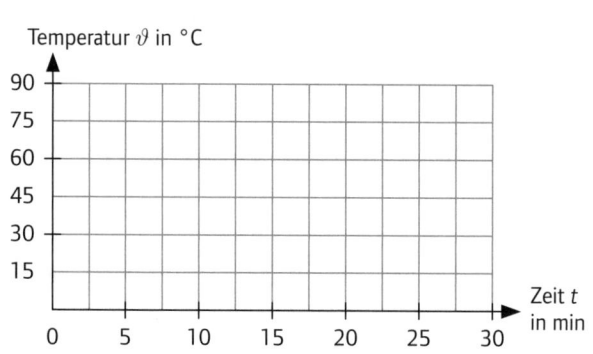

Experimentieren Sie!

Name:
Klasse: Datum:

Garzeit von Kartoffeln (II) im Temperatur-Zeit-Diagramm

KV 33

Heute gibt es Pellkartoffeln!

Bestimme die Garzeit für Kartoffeln (Pellkartoffeln).

VORBEREITUNG

› Trage folgende Begriffe richtig in die Kästchen ein: *Heizplatte, Becherglas, Thermometer (Kartoffel), Thermometer (Wasser)*

› Warum müssen Kartoffeln vor dem Essen gegart werden?

› Vermute, wie lange Kartoffeln kochen müssen bis sie gar sind.

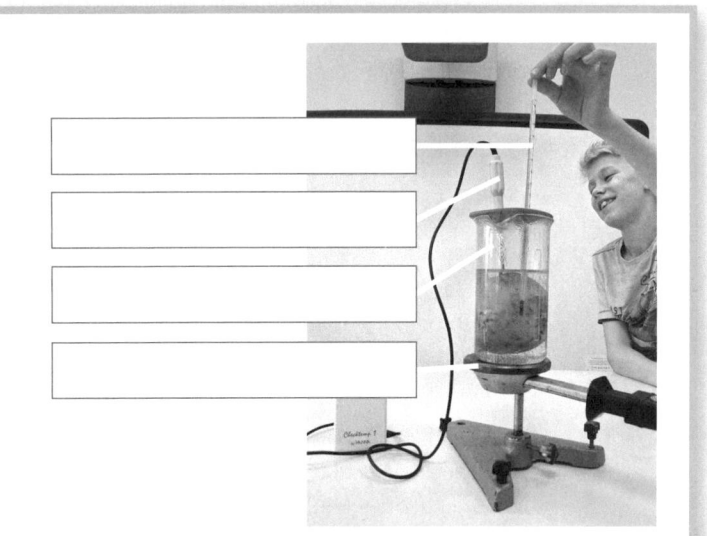

DURCHFÜHRUNG

› Miss in Abständen von 3 Minuten die **Temperatur des Wassers** und die **Temperatur im Inneren der Kartoffel**. Beende die Messungen, wenn beide Temperaturen gleich sind.
› Markiere in der Wertetabelle den **Beginn des Siedens** (Kochens) des Wassers.

Zeit in Minuten	0	3	6	9	12	15	18	21	24	27	30	33	36
Wasser Temperatur in °C													
Kartoffel Temperatur in °C													

AUSWERTUNG

› Zeichne das Temperatur-Zeit-Diagramm *(TIPP 1)* für die Wassertemperatur (blau) und die Innentemperatur der Kartoffel (rot).
› Lies aus dem Diagramm die Garzeit ab (Schnittpunkt).

› Lass die Kartoffel abkühlen und prüfe, ob sie gar ist. Wie lange wurde die Kartoffel gekocht?

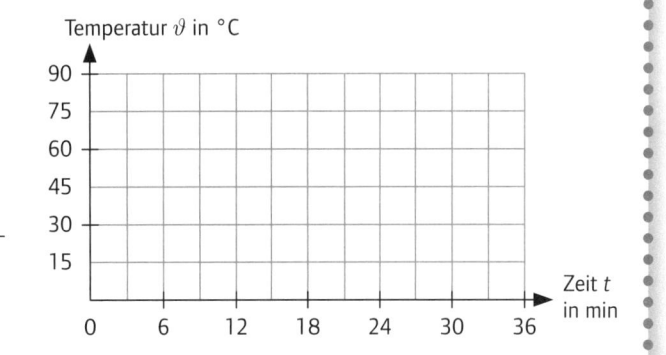

Naturwissenschaftsunterricht mit Aha-Effekt

77

Stärkebildung, -nachweis und -gewinnung

	Demonstrationen und Schülerexperiment
Thema	Stärke in Pflanzen und Nahrungsmitteln
Materialien	**Demonstration – Stärkebildung:** Pflanze (Kartoffel, Geranie oder Efeu), Schablonen (verschiedene Muster oder Formen), Lampe, drei Bechergläser (400 ml), eine Petrischale, eine Heizplatte, Wasser, Aluminium-Folie, eine Pinzette, Ethanol, *Lugolsche Lösung* (Iod-Kaliumiodid-Lösung) **Schülerexperiment (pro Gruppe) – Stärkenachweis:** Gemüseproben (Kartoffeln und z. B. Kohlrabi, Erbsen, Mais, Tomaten, Gurken, Brot, Äpfel, Nudeln …), *Lugolsche Lösung* (Iod-Kaliumiodid-Lösung), eine Pipette, ein Messer **Demonstration – Stärkegewinnung aus Kartoffeln:** mehrere Kartoffeln, ein Messer, eine Kartoffelreibe, eine Schüssel, ein Becherglas und ein Handtuch
Gefahrenhinweis	Die *Lugolsche Lösung* darf nicht auf die Haut und in die Augen gelangen. Auf der Kleidung hinterlässt die Lösung gelb-orangene Flecken. Beim Umgang mit dem Messer und der Kartoffelreibe besteht Verletzungsgefahr.

? WORUM GEHT ES – WAS WIRD DEUTLICH?

Kohlenhydrate sind mit die wichtigsten Energielieferanten für den menschlichen Organismus. Sie werden durch Verdauungsvorgänge verstoffwechselt, wodurch so genannte Energieträger (z. B. ATP = Adenosintriphosphat) gebildet werden. Diese Energieträger werden für die meisten Lebens- und Stoffwechselprozesse im Körper benötigt (u. a. für den Aufbau körpereigner Stoffe und für die Arbeit der Muskeln und Nervenzellen). Die meisten Kohlenhydrate nehmen wir in Form von Zweifachzuckern (Disaccharide) und Mehrfachzuckern (Polysaccharide) zu uns, die aus mehreren Einfachzuckermolekülen (Monosaccharide) bestehen. Das Polysaccharid **Stärke** (lat. *amylum*) ist in sehr vielen pflanzlichen Lebensmitteln, wie z. B. Kartoffeln, Getreide, Reis und Mais, enthalten. In pflanzlichen Zellen ist Stärke ($C_6H_{10}O_5$) einer der wichtigsten Reservestoffe. Stärke ist das Produkt der Assimilation von Kohlendioxid im Calvin-Zyklus der Fotosynthese und kann mithilfe der so genannten *Lugolschen Lösung* (Iod-Kaliumiodid-Lösung) – benannt nach ihrem Entdecker *Jean Lugol* (1786–1851) – nachgewiesen werden. Das Nachweisprinzip beruht dabei auf einen Anlagerungsprozess von Polyiodidionen innerhalb der spiralförmigen Amylose, der eine charakteristische Blaufärbung hervorruft.

WAS IST ZU TUN?

Stärkebildung in Pflanzen: Zur Anbahnung der Thematik ist es hilfreich, zuvor den Begriff bzw. den Prozess der Fotosynthese zu behandeln. Die Schüler bereiten die Demonstration aktiv mit vor, protokollieren während der Demonstration ihre Beobachtungen und werten das Experiment aus (KV 34).

Zunächst entwerfen die Schüler z. B. aus Pappe oder mit Aluminiumfolie individuelle Muster, die an möglichst großflächige Blätter der Kartoffelpflanze mit Büroklammern befestigt werden.

Hinweis: Falls gerade keine Blätter der Kartoffelpflanze vorhanden sind, eignen sich besonders gut die Blätter der Geranie (Bild rechts) oder des Efeus. Wichtig ist, dass die abgedeckten Stellen lichtundurchlässig sind.

Die Blätter werden dann mit einer Lichtquelle (Sonne oder Leuchtstofflampe) für mehrere Stunden belichtet.

Den Nachweis der Stärkebildung können Sie nach einer ausreichenden Belichtungszeit folgendermaßen durchführen:
> Ein Becherglas zu 1/4 mit Wasser und ein anderes Becherglas zu 1/4 mit Ethanol füllen und auf einer Heizplatte erwärmen.
> Ein präpariertes und belichtetes Blatt von der Pflanze abschneiden und die Schablone/Folie vorsichtig entfernen.
> Das Blatt mit Hilfe einer Pinzette für einen Moment in das Becherglas mit heißem Wasser halten und danach in das Becherglas mit heißem Ethanol überführen.
> Auf die Entfärbung des Blattes warten. Achtung: Sollte das Ethanol sieden, dann muss die Wärmezufuhr kurzzeitig vermindert werden.
> Das Blatt aus dem Ethanol nehmen und für einen kurzen Moment in das dritte mit Wasser (Zimmertemperatur) gefüllte Becherglas geben.
> Das Blatt in die Petrischale mit Lugolscher Lösung legen, bis eine deutliche Blaufärbung des belichteten Musters eingetreten ist.

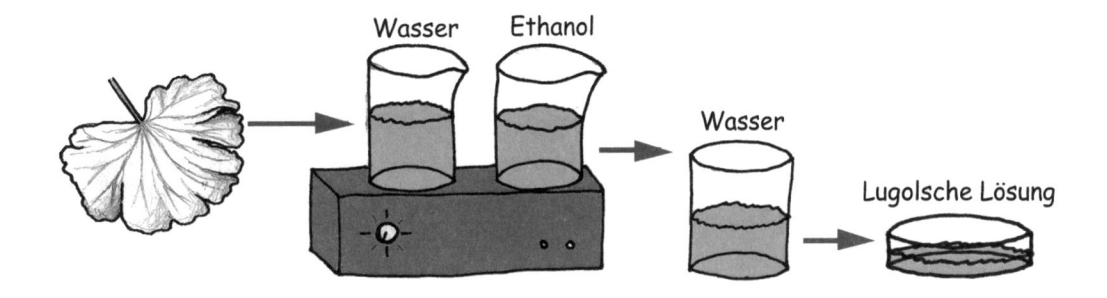

Nachweis von Stärke: Die gewonnenen Erkenntnisse zum Nachweis der Bildung von Stärke können anschließend in einem Schülerexperiment (KV 35) angewendet und gefestigt werden. Dabei untersuchen die Schüler unterschiedliches Gemüse und verschiedene Nahrungsmittel auf das Vorhandensein und qualitativ die jeweilige Konzentration von Stärke. Es erweist sich, dass die Kartoffel besonders reichhaltig an Stärke ist.

Die Stärkegewinnung aus Kartoffeln kann als Demonstration erfolgen, bei der die Schüler durch verteilte Aufgaben aktiv einbezogen werden. Möchten Sie die Demonstration in einer Einheit (Unterrichtsstunde) abschließen, sollten Sie bereits eine Kartoffel-Wasser-Mischung und eine Wasser-Stärke-Lösung vorbereitet haben, um die langen Wartezeiten zu vermeiden. Mit der selbst gewonnen Stärke können zeitnah im Anschluss vielfältige Anwendungen (Geheimschrift, Kleber, Pudding und rote Grütze (KV 43)) behandelt werden.

Die Stärke können Sie folgendermaßen gewinnen:
> Die Kartoffeln mit einem Kartoffelschäler oder mit einem Messer schälen.
> Mit einer Kartoffelreibe die Kartoffeln in eine Schüssel reiben.
> Etwas Wasser zu den geriebenen Kartoffeln geben.
> Die Kartoffel-Wasser-Mischung muss für mehrere Stunden ruhen.
> Mit einem Handtuch die Kartoffel-Wasser-Mischung kräftig auswringen und die Wasser-Stärke-Lösung in einem Becherglas auffangen.
> Die Kartoffel-Stärke-Mischung bis zum nächsten Tag ruhen lassen, damit sich die Stärke am Boden des Becherglases absetzten kann.
> Das Kartoffelwasser aus dem Becherglas vorsichtig abgießen.
> Die sich am Boden des Becherglases abgesetzte Stärke trocknen lassen.

WIE KANN DIFFERENZIERT WERDEN?

> **NIVEAU 1:** Die Schüler können für die Beschreibung des Ablaufs der Stärkebildung in den Blättern grüner Pflanzen den *TIPP* benutzen.
> **NIVEAU 2:** Interessierte Schüler führen die Demonstrationsversuche unter Anleitung des Lehrers durch. Die Anzahl der zu untersuchenden Proben wird vergrößert und weitere Nahrungsmittel (Gries, Müsli, Cornflakes …) werden in die Untersuchungen mit einbezogen.
> **ZUSATZ 1:** *Warum sind Pflanzen grün?* Recherchiere wichtige Informationen zum Thema *Fotosynthese*.
> **ZUSATZ 2:** *Enthält Brot Stärke?* Plane ein möglichst einfaches Experiment zum Nachweis von Stärke in Brot. Führe das Experiment nach deiner Planung durch und formuliere das Ergebnis. *Hinweis:* Tipps und Anregungen findest du im Internet.
> **ZUSATZ 3:** *Stärke – ein vielseitig einsetzbarer Stoff!* Erstelle eine Übersicht oder ein Plakat (MATERIAL).

TIPP/MATERIAL   STÄRKE

Tipp — **Stärkebildung**

> Schreibe die folgenden Aussagen in der richtigen Reihenfolge auf. Die Buchstaben neben den Aussagen ergeben in der richtigen Reihenfolge das Lösungswort. Wie lautet es?

Aussagenchaos nicht sortiert	Lösung
Erwärme ein mit Wasser und ein zweites mit Ethanol gefülltes Becherglas.	K
Du erkennst eine deutliche Blaufärbung an den belichteten Stellen des Blattes.	L
Lege das Blatt in die Petrischale mit Lugolscher Lösung.	E
Halte das Blatt in das Becherglas mit heißem Ethanol.	O
Halte das Blatt mit einer Pinzette für einen Moment in das Becherglas mit heißem Wasser.	T
Entferne vorsichtig die Schablone/Folie vom Blatt.	R
Schneide ein präpariertes und belichtetes Blatt von der Pflanze ab.	A
Halte das Blatt für einen kurzen Moment in das dritte Becherglas mit Wasser (Zimmertemperatur).	F
Warte bis sich das Blatt entfärbt hat.	F

Material — **Vorlage für eine Gedankenkarte: Stärke – ein vielseitig einsetzbarer Stoff!**

> Ergänze die Übersicht mit wichtigen Informationen (z. B. aus dem Internet).

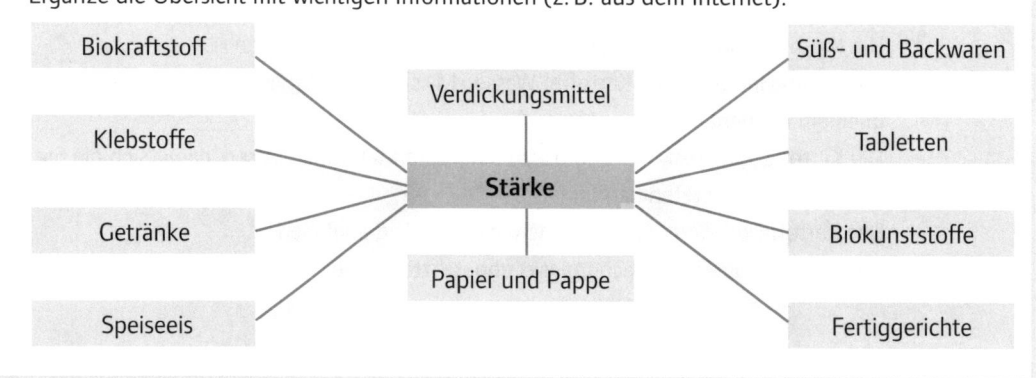

Stärke:
- Biokraftstoff
- Klebstoffe
- Getränke
- Speiseeis
- Verdickungsmittel
- Papier und Pappe
- Süß- und Backwaren
- Tabletten
- Biokunststoffe
- Fertiggerichte

Name:

Klasse: Datum:

Stärkebildung in Pflanzen

KV 34

Stärkebildung in den Blättern von Pflanzen

Grüne Pflanzen bilden durch die Fotosynthese Stärke als Energie-Reservestoff. Mit Hilfe eines Belichtungsexperiments kann man die gebildete Stärke durch Verfärbungen nachweisen.

VORBEREITUNG

> Wie wird der Prozess genannt, bei dem in einer Pflanzen Stärke entsteht?

_____

> Wozu benötigen Pflanzen Stärke?

_____
_____

> Beschrifte den Versuchsaufbau: *Blatt, Schablone, Lichtquelle*.
> Beschreibe die Versuchsvorbereitungen in deinem Heft.

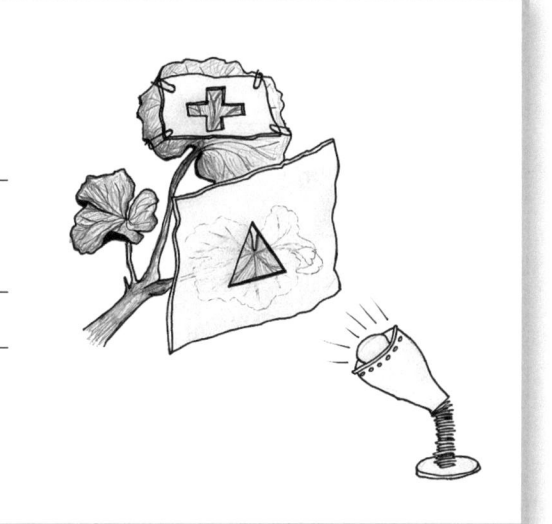

DURCHFÜHRUNG

> Beschreibe den Ablauf des Experiments *(TIPP)*.

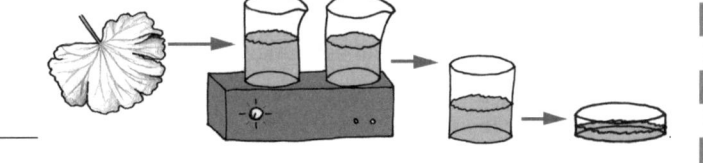

_____
_____
_____
_____
_____

> Notiere deine Beobachtungen, wenn das Blatt in die Petrischale mit *Lugolscher Lösung* gelegt wird.

_____

AUSWERTUNG

> Versuche deine Beobachtungen zu interpretieren und zu erklären.

_____
_____
_____
_____

Naturwissenschaftsunterricht mit Aha-Effekt

Name:

Klasse:

Datum:

Stärkenachweis (Schülerexperiment)

KV 35

Welches Gemüse enthält viel Stärke?

VORBEREITUNG

› Was ist Stärke?

_____

_____

› Wozu benötigen Menschen Stärke?

_____

_____

› Vermute, welches Gemüse viel Stärke enthält.

_____

_____

DURCHFÜHRUNG

› Du benötigst: Gemüseproben, ein Messer, *Lugolsche Lösung* und eine Pipette.
› Schneide die Gemüseproben vorsichtig durch und beträufle sie mit der Lösung.
› Warte 2 bis 3 Minuten und beobachte, ob sich eine Verfärbung einstellt.
› Schreibe die Ergebnisse in die Tabelle. *Hinweis:* Je stärker eine blaue Verfärbung eintritt, desto mehr Stärke ist im Gemüse enthalten.

Gemüse	Verfärbung (Farbe)	Ergebnis

AUSWERTUNG

› Welche der untersuchten Gemüseproben enthalten viel Stärke?

_____

› Welche der untersuchten Gemüseproben enthalten kaum oder wenig Stärke?

_____

Experimentieren Sie!

Sind Gemüse und Obst geladen?

	Schülerexperimente
Thema	Die Kartoffel als chemische Spannungsquelle
Materialien pro Gruppe	**Experiment 1:** eine große Kartoffel, verschiedene Elektroden (z. B. Kupfer, Zinn, Zink und Eisen), ein Voltmeter und Kabel **Experiment 2:** diverses Obst und Gemüse, zwei Elektroden (z. B. Kupfer und Eisen), ein Voltmeter und Kabel
Gefahrenhinweis	Das Obst und das Gemüse sind nach den Experimenten nicht für den Verzehr geeignet.

WORUM GEHT ES – WAS WIRD DEUTLICH?

Mit einer frischen Kartoffel und zwei unterschiedlichen Metallelektroden kann eine chemische Spannungsquelle aufgebaut werden. Die Elektroden werden in die Kartoffel gesteckt. Durch elektrochemische Vorgänge baut sich zwischen den Elektroden eine elektrische Spannung auf, die den Antrieb der Ladungsträger (Elektronen und Ionen) angibt. Das Formelzeichen für die Spannung ist U und die Einheit V für Volt (U in Volt).

Die erzeugte Spannung ist u. a. abhängig von:
> den verwendeten Metallen (elektrochemische Spannungsreihe),
> der Ionenkonzentration in der Flüssigkeit,
> der Temperatur der Flüssigkeit.

Mit einem Spannungsmessgerät (Voltmeter) kann die Spannung gemessen werden. Nach ihrem Erfinder *Luigi Galvani* werden diese Spannungsquellen als galvanische Elemente bezeichnet und bilden die Grundlage für Batterien und Akkumulatoren (wieder aufladbare Zellen). Verbindet man die Elektroden mit einem elektrischen Gerät zu einem geschlossenen Stromkreis, dann fließt Gleichstrom.

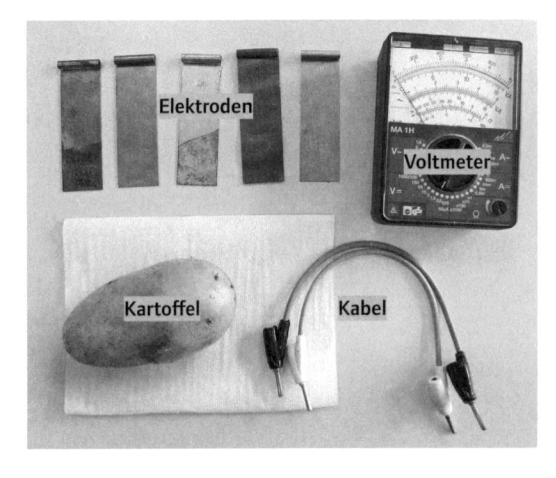

WAS IST ZU TUN?

Mit den bereitgestellten Materialien erforschen die Schüler im ersten Experiment (KV 36), welche Materialpaarungen für die Elektroden große Spannungen erzeugen. Die Spannungen messen die Schüler mit einem Voltmeter. Für den effektvollen Nachweis der Spannung können Sie die sensorische Prüfung auf der Zunge (nur unter Aufsicht) durchführen lassen. Dazu berühren Schüler mit ihrer Zungenspitze kurz die beiden Elektroden und spüren ein gefahrloses „elektrisches" Kribbeln auf der Zunge.

Eine „praktische Anwendung" der Kartoffelbatterie stellt die Kartoffeluhr dar. Entweder bauen Sie diese (sie ist als Bausatz erhältlich) gemeinsam mit den Schülern zusammen oder Sie bestaunen gemeinsam interessante Videos im Internet zum Aufbau und zur Funktionsweise der Kartoffeluhr. Nachdem die Schüler eine günstige Materialpaarung gefunden haben, können sie im zweiten Experiment das am besten geeignete Obst bzw. Gemüse ermitteln (KV 37).

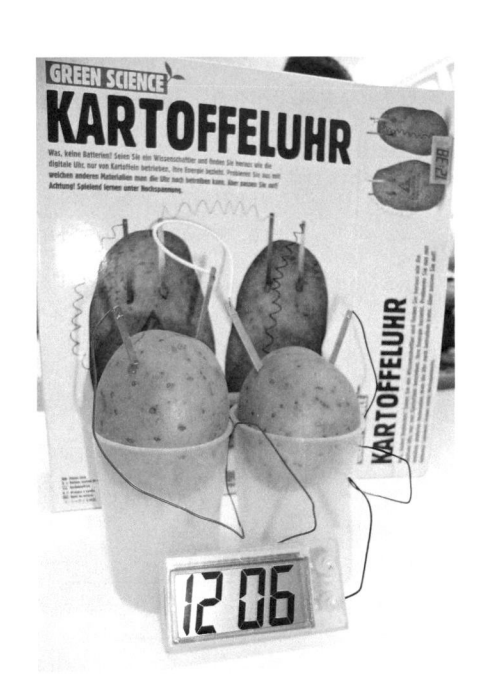

Naturwissenschaftsunterricht mit Aha-Effekt

WIE KANN DIFFERENZIERT WERDEN?

> **NIVEAU 1:** Für die Zuordnung der Spannungsquellen zu den Geräten und Spannungswerten kann *TIPP 1* eingesetzt werden und für das Ablesen der Spannung vom Voltmeter *TIPP 2*. Die Verwendung eines digitalen Voltmeters vereinfacht das Ablesen der Spannung weiter.

> **ZUSATZ:** Welche Batterie erzeugt eine Spannung und kann diese auch gemessen werden?

TIPPS UND ZUSATZ   EINE KARTOFFEL ALS SPANNUNGSQUELLE

Tipp 1 > Spannungsquellen stellen die elektrische Spannung bereit. Sie sind erforderlich, damit elektrischer Strom in einem Stromkreis fließen kann. In der Tabelle findest du Geräte, Spannungsquellen und Spannungswerte. Es gehören immer 3 Angaben zueinander.

Steckdose	Netzteil	Fernbedienung	Auto	Taschenrechner
Solarzelle	Toaster	Computer	Batterien	Akkumulator
12 Volt	0,5 Volt	230 Volt	36 Volt	3 Volt

Tipp 2 > Die elektrische Spannung kann man mit einem Spannungsmessgerät (Voltmeter) messen.

Anschlussbuchse mit Stecker
Wenn der Zeiger beim Messen nach rechts ausschlagen will, vertausche einfach die Kabel an den Anschlussbuchsen.

Gemessen wird die Spannung: Gleichspannung V in Volt

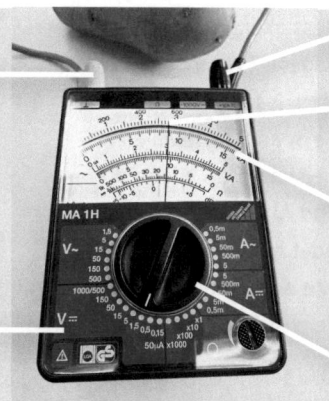

Anschlussbuchse mit Stecker
Hier musst du den Wert ablesen: **9**.

Die Skala „geht" von 0 bis 15.

Mit dem Drehschalter wählst du den Messbereich: von 0 bis 1,5 Volt.

Ergebnis: Der *Ablesewert 9* auf der *Skala von 0 bis 15* und dem *Messbereich bis 1,5 V* ergibt den *Messwert 0,9 Volt*.

Zusatz > Notiere unter jedem Bild, ob an der Kartoffel eine Spannung erzeugt wird, und ob sie auch gemessen wird. *Hinweis:* Die verwendeten Elektroden bestehen jeweils aus Kupfer und Zink.

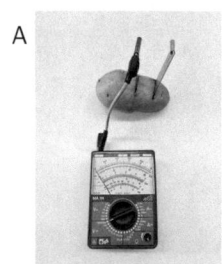

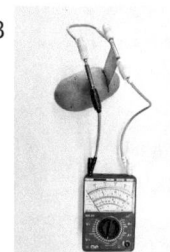

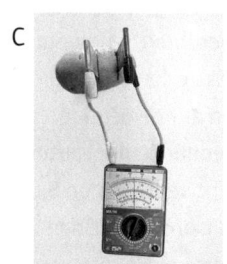

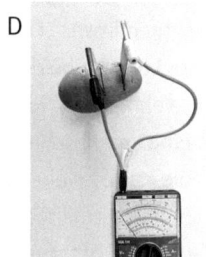

A   B   C   D

84   Experimentieren Sie!

Name:
Klasse:
Datum:
Die Kartoffelbatterie

KV 36

Eine Kartoffel als Spannungsquelle

Mit welchen Elektroden (Stoffpaarung) erzeugt man bei einer Kartoffel die größte Spannung?

VORBEREITUNG

> Nenne drei elektrische Geräte. Ordne ihnen die passende Spannungsquelle mit der anliegenden Spannung zu *(TIPP 1)*.

Gerät	Spannungsquelle	Spannung

> Trage die folgenden Bezeichnungen richtig in die Kästchen ein: *Elektroden, Kabel, Kartoffel, Voltmeter.*

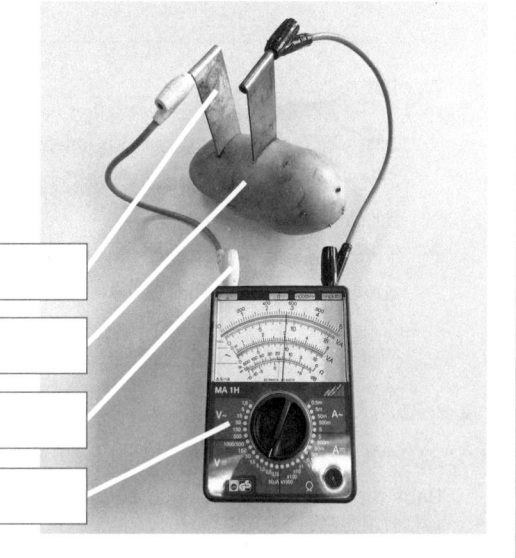

DURCHFÜHRUNG

> Baue die Kartoffelbatterie mit unterschiedlichen Materialpaarungen auf und miss jeweils die Spannung mit dem Voltmeter *(TIPP 2)*.

Stoff – Elektrode 1	Stoff – Elektrode 2	Spannung

AUSWERTUNG

> Welche Stoffpaarung erzeugt eine große Spannung?
_____

> Was benötigt man für eine chemische Spannungsquelle?
_____
_____
_____

Naturwissenschaftsunterricht mit Aha-Effekt

Name:		Spannungsquellen aus Obst und Gemüse	KV 37
Klasse:	Datum:		

Selbst gebaute Batterien aus Obst und Gemüse

Welches Obst oder Gemüse erzeugt die größte Spannung?

VORBEREITUNG

› Welche Materialien benötigst du für das Experiment?

_____

_____

› Wer hat recht? _____

› **Josi:** Die Elektroden müssen aus unterschiedlichen Stoffen bestehen und das Obst und Gemüse muss frisch und saftig sein.

› **Tim:** Am besten ist Kupfer für beide Elektroden und gut gelagertes, trockenes Gemüse.

DURCHFÜHRUNG

› Baue die Schaltung nacheinander mit verschiedenem Obst und Gemüse auf.
› Miss jeweils die Spannung und trage die Messwerte in die Tabelle ein.

Bezeichnung (Obst bzw. Gemüse)	Spannung

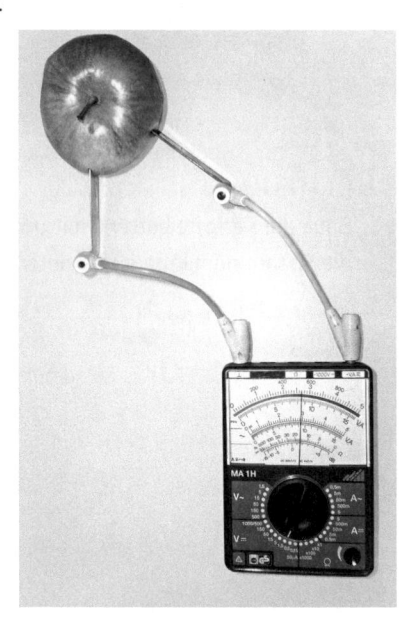

AUSWERTUNG

› Welches Obst oder Gemüse erzeugt die größte Spannung?

SIEGER ist _____ mit _____ Volt.

Platz 2 belegt _____ mit _____ Volt.

Platz 3 belegt _____ mit _____ Volt.

Experimentieren Sie!

Reihenschaltungen in Natur und Technik

	Demonstration und Schülerexperiment
Thema	Reihenschaltung von Spannungsquellen
Materialien	**Demonstration:** z. B. zehn große Kartoffeln, zehn Elektroden (z. B. Kupfer), zehn Elektroden (z. B. Eisen), ein Voltmeter und Kabel **Schülerexperiment:** zwei Batterien mit Halterung, eine Glühlampe (modellmäßig als IR-Diode), ein Taster und Kabel

WORUM GEHT ES – WAS WIRD DEUTLICH?

Schaltet man mehrere Gleichspannungsquellen in einem Stromkreis hintereinander (Reihenschaltung), dann addieren sich die Teilspannungen zur insgesamt anliegenden Spannung. Dabei muss der Minuspol der einen Zelle mit dem Pluspol der nächsten Zelle verbunden sein. Nach diesem Prinzip werden in der Technik (z. B. in Autobatterien, Taschenlampen) und in der Natur (z. B. Zitteraale und Rochen) große Spannungen erzeugt.

WAS IST ZU TUN?

Nach dem Schülerexperiment *„Eine Kartoffel als Spannungsquelle"* bietet sich eine möglichst zeitnahe Weiternutzung der Kartoffeln für die Reihenschaltung aller verwendeten Kartoffelzellen an. Die Frage für die Stunde könnte lauten: *Wie groß ist die Spannung, wenn wir unsere Kartoffelbatterien zusammenschalten?* Basierend auf den Messungen an einer Zelle vermuten die Schüler, wie groß die Spannung an z. B. 10 Kartoffelzellen ist. Gemeinsam erfolgen die „Verkabelung" der Zellen mit dem Messgerät und das Ablesen der Gesamtspannung. Als Anwendungen der Reihenschaltung können für die Technik „Zwei Batterien in einer Fernbedienung" im Schülerexperiment (KV 38) und für die Natur „Vorsicht – Zitteraal unter Hochspannung" (KV 39) eingesetzt werden.

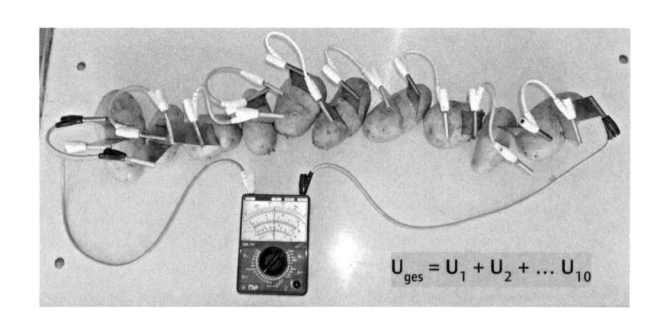

$$U_{ges} = U_1 + U_2 + \ldots U_{10}$$

WIE KANN DIFFERENZIERT WERDEN?

> **NIVEAU 2:** Mit einem Voltmeter messen die Schüler die Spannung an der Glühlampe.

TIPP REIHENSCHALTUNG

Schneide die Mosaikteile aus und klebe sie im Rahmen zu einer modellhaften Schaltung für eine Fernbedienung zusammen.

MATERIAL BATTERIEN

Naturwissenschaftsunterricht mit Aha-Effekt

Name: Klasse: Datum: Reihenschaltung

KV 38

Zwei Batterien in einer Fernbedienung?

VORBEREITUNG

› Trage die Bauteile aus der Tabelle richtig in das Bild ein und beschreibe kurz ihre Aufgabe.

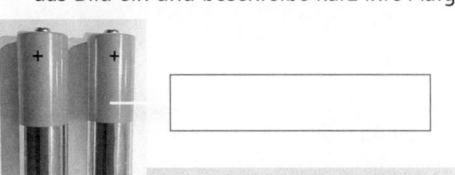

Hier werden die Batterien eingelegt.

Bauteile	Aufgabe
Taster	
Batterie	
Infrarot-Diode	
Feder	

› Zeichne in das Raster einen Schaltplan für eine modellhafte Schaltung einer Fernbedienung *(TIPP)*.
Bauteile: *zwei Batterien, ein Taster, eine Infrarot-Diode*
› Schneide die zwei Batterien (MATERIAL) aus und klebe sie richtig in die Fernbedienung (Bild oben) ein.

DURCHFÜHRUNG

› Baue die Schaltung auf und erprobe sie. Als Infrarot-Diode kannst du eine Glühlampe verwenden.

AUSWERTUNG

› Wie groß ist die Spannung, die durch die beiden Batterien erzeugt wird?

› Warum sind die Batterien in Reihe geschaltet?

Experimentieren Sie!

Name: _____
Klasse: _____ Datum: _____

Spannungsquellen in Reihenschaltung

KV **39**

Vorsicht – Zitteraal unter Hochspannung!

1 Vervollständige den Steckbrief über den Zitteraal.

› Wissenschaftlicher Name: _____

› Länge, Masse (Gewicht): _____

› Name des elektrischen Organs: _____

› Größe der Spannung: _____

› Größe der Stromstärke: _____

› Vorkommen auf der Erde: _____

_____

2 Beschreibe, wozu der Zitteraal sein (gefährliches) elektrisches Organ benötigt.

_____

_____

3 *Nicht nur für Mathe-Profis:* Wenn das elektrische Organ des Zitteraals eine Spannung von 500 V erzeugt und aus 5 500 Elementen besteht, wie groß ist dann die Spannung an einem Element?

_____

Wie sind die 5 500 Elemente zueinander „geschaltet", damit insgesamt 500 V erzeugt werden?

_____

4 Begünde, ob diese Aussagen wahr oder falsch sind. Arbeite in deinem Heft.
Hinweis: Im Internet kannst du interessante und kuriose Videos über den Zitteraal bestaunen.

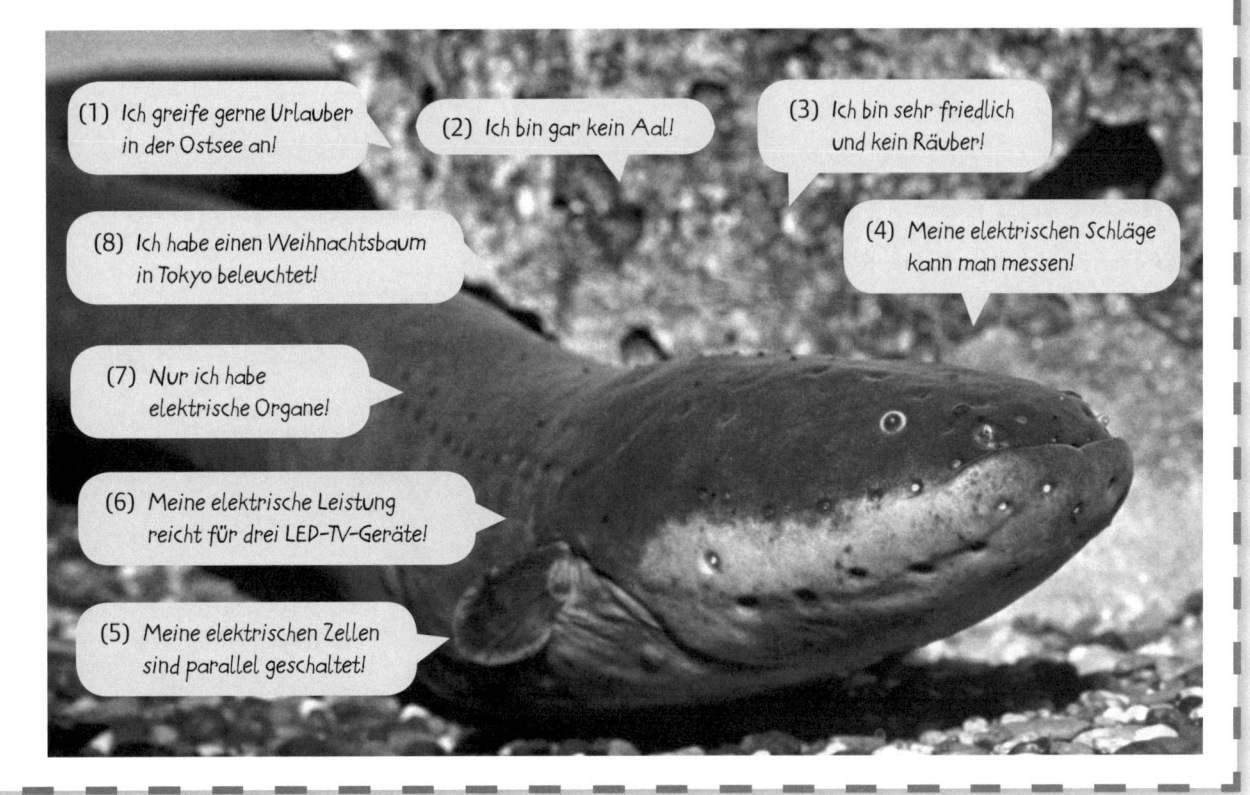

(1) Ich greife gerne Urlauber in der Ostsee an!

(2) Ich bin gar kein Aal!

(3) Ich bin sehr friedlich und kein Räuber!

(4) Meine elektrischen Schläge kann man messen!

(5) Meine elektrischen Zellen sind parallel geschaltet!

(6) Meine elektrische Leistung reicht für drei LED-TV-Geräte!

(7) Nur ich habe elektrische Organe!

(8) Ich habe einen Weihnachtsbaum in Tokyo beleuchtet!

Naturwissenschaftsunterricht mit Aha-Effekt

Die Kalorienzähler

	Lernspiel
Thema	Energetischer Zusammenhang zwischen der chemischen Energie von Kartoffelgerichten und dem Energieumsatz beim Laufen
Materialien pro Gruppe	Schere und Klebstoff

? WORUM GEHT ES – WAS WIRD DEUTLICH?

Nahrungsmittel besitzen chemische Energie, die beim Laufen in kinetische *(Bewegung)* und thermische Energie *(Wärme)* umgewandelt wird. Dieser Energieumsatz ist beim Laufen von vielen Faktoren (z. B. Körpergewicht, Geschwindigkeit, Außentemperatur) abhängig und beträgt im Durchschnitt **75 kcal pro Kilometer.** Um den abstrakten Energieumsatz anschaulich zu vermitteln, werden die energetisch adäquaten Laufstrecken betrachtet und der in ausgewählten Nahrungsmitteln enthaltenen Energie zugeordnet (KV 40). Damit soll eine bewusste Auswahl (Art und Menge) von Nahrungsmitteln für die persönliche Ernährung gefördert werden.

WAS IST ZU TUN?

Bei diesem Lernspiel lesen die Schüler die Werte **(Energie in kcal und Laufstrecke in km)** aus dem vorgegebenen Diagramm ab und ordnen in Gruppenarbeit die passenden Kartoffelgerichte (MATERIAL) zu. Das Spiel ist beendet, wenn die erste Gruppe fertig ist. Für jede richtig abgelesene Information und für jede richtige Zuordnung erhält die Gruppe einen Punkt. Die maximal zu erreichende Punktzahl beträgt 18 Punkte. Die Siegergruppe präsentiert ihre Ergebnisse mit dem vergrößerten Material als Auswertung und Ergebnissicherung (z. B. an einem Whiteboard).

Lösungen für eine Portionsgröße von jeweils 100 g

Kartoffelbrot (225 kcal; 3 km)	Pommes frites (150 kcal, 2 km)	Pellkartoffeln (75 kcal; 1 km)
Kartoffelchips (ca. 450 kcal; 6 km)	Bratkartoffeln (ca. 110 kcal; ca. 1,5 km)	Kartoffelsalat (260 kcal; ca. 3,5 km)

MATERIAL   FÜR EINE PORTION ... LAUFEN!

Schneide die Bilder aus, ordne sie in der Abbildung passend zu und klebe sie auf.

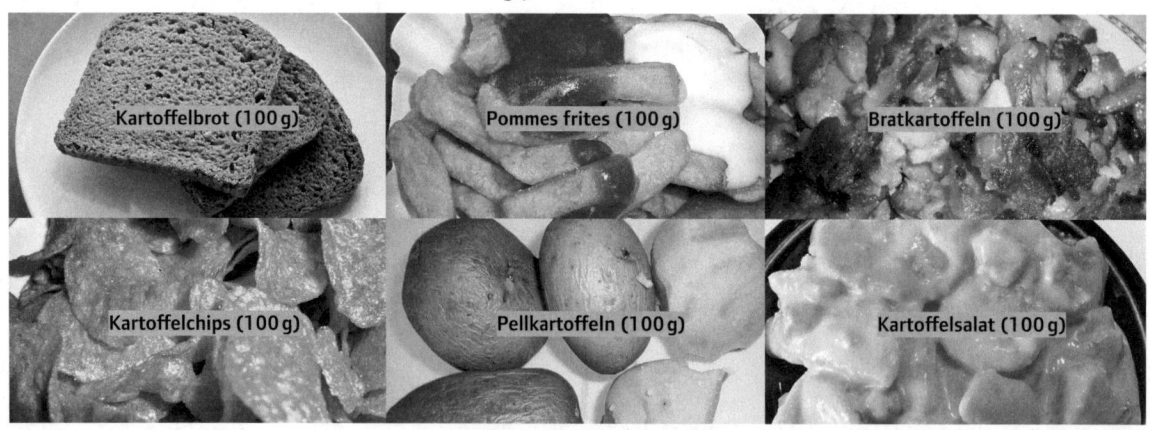

Experimentieren Sie!

Name:		Laufen – Essen – Energiebilanz	KV 40
Klasse:	Datum:		

Für eine Portion ... Laufen!

AUFGABEN/SPIELREGELN
> Lest die Werte (den Energiegehalt und die Laufstrecke) für jedes Kästchen ab.
> Wählt die passenden Nahrungsmittel aus und klebt die Bilder richtig auf.
> Das Spiel ist beendet, sobald eine Gruppe fertig ist.
> Die maximal zu erreichende Punktzahl beträgt 18 Punkte.

SPIEL AB!

Energie: _____   Energie: _____   Energie: _____

Laufstrecke: _____   Laufstrecke: _____   Laufstrecke: _____

Laufstrecke in km

0   1   2   3   4   5   6

0   75   150 225 300 375 450

Energie in kcal

Energie: _____   Energie: _____   Energie: _____

Laufstrecke: _____   Laufstrecke: _____   Laufstrecke: _____

AUSWERTUNG

Punktzahl: _____ von 18.

Platzierung: _____

Naturwissenschaftsunterricht mit Aha-Effekt

Der große Pyramidenbau

	Lernspiel
Thema	⟩ Pyramide: mathematisches Original und ausgewählte Modelle ⟩ Geschicklichkeit beim Aufbau einer Pyramide aus Kartoffeln ⟩ Messen von Längen und Berechnen von Flächen
Materialien pro Gruppe	zwei Packungen Kartoffeln (ca. 40 Kartoffeln), Stoppuhr oder Smartphone, Lineal oder Zollstock, Taschenrechner, Smartphone für Fotos

WORUM GEHT ES – WAS WIRD DEUTLICH?

Die Schüler erkennen Pyramiden in ihrer Umwelt und können ausgewählte Informationen und Größen den Anwendungen zuordnen. In einem motivierenden Wettbewerb: *„Wer baut die höchste Pyramide aus Kartoffeln?"* sind Geschicklichkeit und Wissen über die Eigenschaften von Pyramiden parktisch umzusetzen. Für die mathematisch-naturwissenschaftlichen Betrachtungen ist der Modellcharakter des „Bauwerks" hervorzuheben. Die Kartoffelpyramide als Vereinfachung der Wirklichkeit, die in bestimmten Merkmalen dem Original (mathematische Pyramide) entspricht und in anderen (zum Teil sehr stark) vom Original abweicht.

WAS IST ZU TUN?

Verabreden Sie gemeinsam mit den Schülern die Spielregeln und lassen Sie diese auf dem Protokoll festhalten (KV 42). Für die Durchführung können Sie bestimmte Aufgaben (Zeitnehmer, Vermesser, Regelüberwacher) an ausgewählte Schüler verteilen. Die Ergebnisse können die Schüler z. B. an die Tafel oder gleich in das Protokoll schreiben. Die restlichen Schüler sind Zuschauer. Für die Auswertung wäre auch ein „Beweisfoto" von der Pyramide empfehlenswert. Mit der KV 41 „Pyramiden – in unserer Umgebung" kann das Thema abschließend zusammengefasst werden.

WIE KANN DIFFERENZIERT WERDEN?

⟩ **NIVEAU 1:** Zum besseren Verständnis kann im Vorfeld eine Pyramide (z. B. mit einem Bastelbogen) gebastelt und die mathematisch Größen gemeinsam zugeordnet und bezeichnet werden.
⟩ **NIVEAU 2:** Mit leistungsstarken Schülern kann das Volumen von (kleineren) Pyramiden experimentell (z. B. Überlaufmethode) und rechnerisch bestimmt werden.
⟩ **ZUSATZ:** Die Schüler bearbeiten das Thema: *„Pyramiden – in unserer Umgebung"* selbstständig mit eigenen Beispielen und nehmen die Vermessungen und Berechnungen (Grundfläche, Volumen) ebenfalls selbst vor.

TIPP DIE PYRAMIDE

⟩ Die Pyramide ist ein geometrischer Körper.
⟩ Die Grundfläche ist ein Vieleck.
⟩ Beispiele:
  ⟩ Dreieck → Tetraeder
  ⟩ Quadrat → quadratische Pyramide
  ⟩ Rechteck → rechteckige Pyramide
⟩ Die Seitenflächen sind Dreiecke.
⟩ Die Seitenkanten treffen sich in der Spitze der Pyramide.
⟩ Die Höhe wird senkrecht von der Grundfläche bis zu Spitze gemessen.

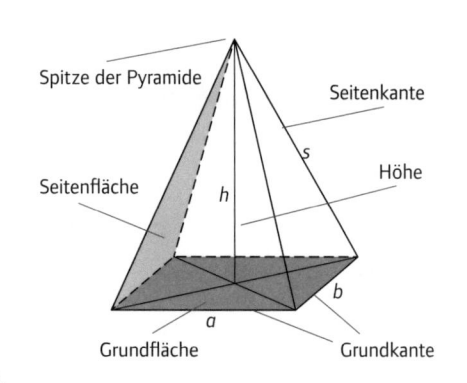

Experimentieren Sie!

Pyramiden – Modelle

KV 41

Pyramiden – in unserer Umgebung

> Ordne die folgenden Angaben der passenden Pyramide zu *(TIPP)*.

1,40 m	2 m	Dekoration	55 cm	Quadrat	Stimmung
4 m²	Aluminium	Holz	Erdbeeren	15 U/min	64 cm²
Sitzbank	3	Quadrat	14	8 cm	8 cm

1 Verwendung: _____

   Höhe: _____

   Form der Grundfläche: _____

   Länge der Grundkante: _____

   Größe der Grundfläche: _____

   Material (Stoff): _____

2 Verwendung: _____

   Höhe: _____

   Anzahl der Seitenkanten: _____

   Geschwindigkeit: _____

   Material (Stoff): _____

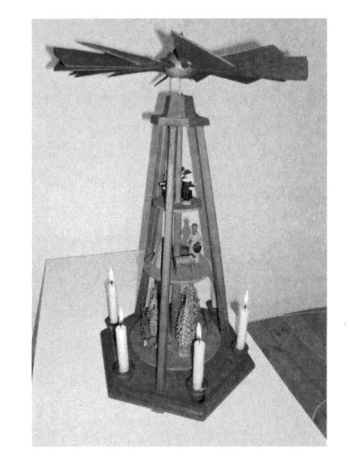

3 Verwendung: _____

   Höhe: _____

   Form der Grundfläche: _____

   Länge der Grundkante: _____

   Größe der Grundfläche: _____

   Material (Stoff): _____

   Anzahl der Beeren: _____

> Begründe, welche dieser drei Pyramiden dem mathematischen Original *(TIPP)* am Nächsten kommt.

_____

_____

Naturwissenschaftsunterricht mit Aha-Effekt

Name:		Die Kartoffelpyramide	KV 42
Klasse:	Datum:		

Wer baut die höchste Pyramide aus Kartoffeln?

SPIELREGELN

› Lies und ergänze die folgenden Spielregeln:

› Es arbeiten jeweils _____ Schüler zusammen.

› Ihr habt _____ Minuten Zeit.

› Insgesamt können _____ Kartoffeln verbaut werden.

› Am Ende muss die Pyramide stabil stehen.

› Es sind keine weiteren Hilfsmittel erlaubt.

› Die Kartoffeln müssen ganz bleiben.

SPIEL AB!

AUSWERTUNG

› Wie viele Kartoffeln wurden verwendet? _____

› Wie hoch ist die Pyramide? _____

› Vergleicht die Höhe der gebauten Pyramiden und ermittelt die ersten drei Plätze

Platz	Name/Namen	Höhe der Pyramide
1		
2		
3		

› Wie lang sind die Seitenkanten der Grundfläche?

$a =$ _____ $b =$ _____

› Berechne die Größe der Grundfläche.

$A = a \cdot b =$ _____ $=$ _____ cm^2

› Begründe, warum die Kartoffelpyramide das Modell einer Pyramide darstellt.

_____
_____
_____
_____

Experimentieren Sie!

Zum Schluss: Kartoffelstärke zum Nachtisch?

	Demonstration oder Schülerexperiment
Thema	Verwendung von Stärke als Verdickungsmittel
Materialien	ein Liter roter Fruchtsaft, 70 g Stärke (Kartoffel- oder Maisstärke), 500 g Obst (z. B. tiefgefrorene Himbeeren oder eine Beerenmischung), ein bis zwei Esslöffel Zucker, vier Eier (das Eiklar für Eischnee), ein Kochtopf, ein Rührlöffel und Schüsseln, ein Rührgerät
Sicherheitshinweise	Bei der Erwärmung des Fruchtsafts besteht Verbrennungsgefahr.

WORUM GEHT ES – WAS WIRD DEUTLICH?

Die rote Grütze ist eine Süßspeise aus roten Früchten, Zucker, Fruchtsaft und Stärke. Die Stärke dient dem Verdicken und Binden des Fruchtsaftes. Sie kann beispielsweise aus Kartoffeln gewonnen werden (Seite 79). Die Bezeichnung „Rote Grütze" stammt von der Farbe der Früchte und dem ursprünglichen benutzen Verdickungsmittel Grütze (grob zerkleinerte Getreidekörner). Diese norddeutsche Spezialität schmeckt z. B. mit Vanillesauce oder mit untergehobenem Eischnee besonders gut.

WAS IST ZU TUN?

Als kulinarischen Abschluss des Projektes „Rund um die Kartoffelknolle" können Sie gemeinsam mit ihren Schülern ein leckeres Dessert kochen. Sollte eine Lehrküche an Ihrer Schule zur Verfügung stehen, können Sie das Thema als Schülerexperiment in Partnerarbeit planen und durchführen. Zur Vorbereitung notieren die Schüler alle benötigten Zutaten und beschreiben den Kochvorgang (KV 43). Beim Einrühren der Fruchtsaft-Stärke-Mischung in den siedenden Saft wird als Aha-Effekt das sofortige Verdicken der Flüssigkeit erlebbar.

WIE KANN DIFFERENZIERT WERDEN?

> **NIVEAU 1:** Für die Vorgangsbeschreibung können die Schüler den *TIPP* nutzen.

TIPP   ROTE GRÜTZE

Kochanleitung: Schreibe die folgenden Aussagen in der richtigen Reihenfolge auf. Die Buchstaben neben den Aussagen ergeben in der richtigen Reihenfolge das Lösungswort. Wie lautet es? _____

Aussagenchaos nicht sortiert	Lösung
Fülle die rote Grütze in eine Schüssel und lass sie abkühlen.	K
Schlage Eischnee und hebe ihn vorsichtig unter die rote Grütze.	E
Rühre die Stärke mit etwas Kirschsaft in einer Schüssel an.	S
Rühre die roten Früchte vorsichtig in den heißen jetzt angedickten Saft.	R
Bringe den restlichen Obstsaft in einen Topf unter leichtem Rühren zum Kochen.	T
Gib die angerührte Stärke vorsichtig in den heißen Saft. Lass alles einmal kurz aufkochen.	Ä

Naturwissenschaftsunterricht mit Aha-Effekt

Name:

Klasse:

Datum:

Rote Grütze

KV 43

Kartoffelstärke zum Nachtisch?

Bereite das Dessert „Rote Grütze" zu.

VORBEREITUNG

› Vermute, warum man beim Kochen roter Grütze Stärke verwendet.

_____

› Schreibe die Zutaten und die jeweils benötigte Menge in die Tabelle.

Bezeichnung	Menge

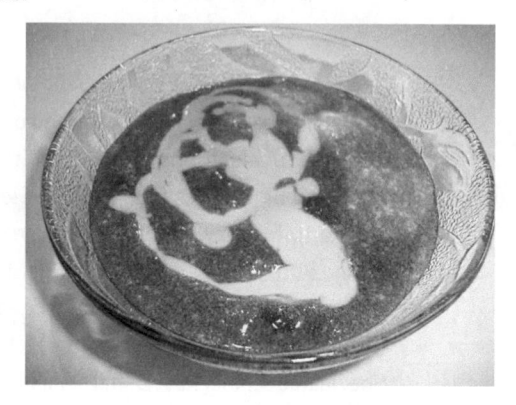

› Beschreibe die Zubereitung *(TIPP)* der roten Grütze.

_____
_____
_____
_____
_____

DURCHFÜHRUNG

› Viel Spaß bei der gemeinsamen Zubereitung.

AUSWERTUNG

› Beschreibe das Aussehen, die Konsistenz, den Geruch und den Geschmack der roten Grütze.

_____
_____

› Wie würde sich die Konsistenz ändern, wenn **a)** mehr und **b)** weniger Stärke benutzt wird?

a) _____

b) _____